CHRISTINA VON DREIEN

AM ENDE IST ALLES GUT

CHRISTINA VON DREIEN

AM ENDE IST ALLES GUT

WIE WIR UNS DIE HEILE WELT SELBST ERSCHAFFEN.

GOVINDA-VERLAG

Herausgegeben von Ronald Zürrer

Die «Christina»-Buchreihe umfasst bislang folgende Bände:

Band 1: Christina – Zwillinge als Licht geboren
Band 2: Christina – Die Vision des Guten
Band 3: Christina – Bewusstsein schafft Frieden

Kontaktadressen des Verlages:

Schweiz Govinda-Verlag, Postfach 152, 8032 Zürich
Deutschland Govinda-Verlag, Postfach 1226, 79798 Jestetten
Internet govinda.ch | meerstern.de

Offizielle Website von Christina: christinavondreien.ch

Zweite Auflage – Dezember 2020

Zusammenstellung, Lektorat & Layout: Ronald Zürrer
Korrektorat: Nicola Good, Natascha Rüegg
Bilder: Anna-Nina Good / goodphotography.ch (Coverfoto) | Daniel Stockley / office@pan-vita.com (S. 34, 46, 74) | Nicola Good (S. 85) | stock.adobe.com (S. 89)
Logo: Narada Demian Zürrer
Umschlaggestaltung: Ronald Zürrer

Gesamtherstellung: Finidr
Printed in Czech Republic

ISBN 978-3-905831-76-4

FSC www.fsc.org MIX Aus verantwortungsvollen Quellen FSC® C014138

«In Zeiten wie diesen kann es uns große Hoffnung und Zuversicht schenken, uns immer daran zu erinnern, dass wir nicht alleine sind, sondern dass es überall viele Menschen gibt, die genau wie wir ebenfalls eine heile Welt wollen, und dass diese heile Welt auch mit Sicherheit kommen wird. Denn so viel ist gewiss: Die Welt wird nicht untergehen, und am Ende wird alles gut sein.»

«Die Kraft unserer Gedanken, zusammen mit der Energie unserer Gefühle, kann die ganze Welt zum Positiven verändern.»

«Wenn genügend viele Menschen auf der Erde gleichzeitig nur einen einzigen Tag lang mit ihrem Leben zufrieden sind, wird das ganze negative System kippen. Es kann sich von einer Minute auf die nächste alles ändern.»

– Christina von Dreien

Inhalt

Geleitwort

Liebe Leserinnen und Leser,
Bei all der Unruhe und dem, was in der Welt gerade überall geschieht, ist es besonders wichtig, dass wir darauf achten, dass es uns jetzt und in den kommenden Monaten innerlich und äußerlich möglichst gut geht. Nur so können wir die Zuversicht und das Vertrauen bewahren, dass am Ende alles gut sein wird.

Nur so können wir jeden Tag positive Gefühle ins kollektive Bewusstseinsfeld schicken. Diese positiven Gefühle tun nicht nur uns selbst gut, sondern sie helfen auch mit, dass mehr Positivität im Kollektiv ist. Und je mehr Freude, Liebe, Zufriedenheit und Zuversicht im Feld sind, desto leichter werden die nächsten Monate sein.

Wir können uns jeden Tag gedanklich vorstellen, wie eine heile Welt aussieht – so lange, bis wir sie fühlen. Und durch unsere Gefühle manifestieren wir dann die heile Welt. Wir erhalten dabei zwar Hilfe aus der geistigen Welt, doch wir müssen auch selbst etwas tun. Jeder von uns ist wichtig. Jeder kann sich gedanklich vorstellen, wie eine heile Welt aussieht, jeder kann diese heile Welt dann fühlen und auf diese Weise mithelfen. Noch nie ist ohne eine Vision etwas Neues entstanden. Die Dinge müssen erst feinstofflich vorhanden sein, bevor sie sich im Grobstofflichen manifestieren können.

Am Ende wird alles gut sein, das ist sicher. Es braucht dafür allerdings die Mithilfe von jedem Einzelnen von uns. Sobald wir dies erkennen, haben wir die Verantwortung, immer wieder von Neuem etwas Positives ins Feld zu schicken. Vergessen wir dabei nicht die «kleinen» Dinge des Alltags: ein Lächeln, ein freundlicher Blick, ein liebes Wort – all das ist wichtiger, als wir vielleicht glauben.

– Christina von Dreien,
im September 2020

1

Die Welt wird nicht untergehen

Die bevorstehende Zeit könnte seltsam werden, aber am Ende wird alles gut sein

Uns allen steht höchstwahrscheinlich eine herausfordernde Zeit bevor, die von uns einigen Mut erfordern wird. Schon damals vor unserer Geburt, als wir uns dafür entschieden haben, uns hier auf der Erde zu inkarnieren, haben wir viel Mut gebraucht, denn wir als Seele wussten ja, dass es hier unten etwas seltsam ist. Wir wussten auch, dass während unseres Hierseins eine Zeit kommen würde, die sogar noch seltsamer werden würde. Meiner Ansicht nach befinden wir uns im Moment am Anfang dieser besonderen Zeitphase. Deshalb werden wir noch einmal großen Mut brauchen für das, was nun unmittelbar vor uns liegt. In dieser bevorstehenden Zeit werden wir möglicherweise Dinge erleben, die wir so noch nie erlebt haben und die uns innerlich und äußerlich herausfordern werden.

Doch kein Grund zur Sorge, denn wir wissen dies alles ja bereits – entweder bewusst oder aber zumindest in unserem Unterbewusstsein. Und wenn man weiß, dass man wusste, worauf man sich einlässt, wenn man weiß, dass man sich als Seele dafür entschieden hat und dass man im Inneren vorbereitet und auch begleitet ist, dann fällt es leichter, darauf zu vertrauen, dass am Ende tatsächlich alles gut sein wird. Und genau das wird sein: Am Ende ist alles gut. Das ist gewiss.

Wir wissen zwar nicht im Einzelnen, was genau in dieser bevorstehenden Zeitphase auf uns zukommen wird; wenn wir jedoch die möglichen Szenarien betrachten, die in verschiedenen Zeitungen und in anderen Medien diskutiert werden, können wir es uns in etwa vorstellen. Die Wahrscheinlichkeit ist ziemlich hoch, dass die nächsten Monate noch ein Stück herausfordernder werden als jene, die wir im Frühling 2020 erlebt haben. Ich halte es für nicht ausgeschlossen, dass ein zweiter Lockdown kommen wird, und wenn er kommt, dann ist anzunehmen, dass er einschneidender sein wird als der erste. Natürlich geschehen immer wieder Wunder, denn der Lauf der Dinge kann sich bis zur letzten Sekunde immer ändern. Aber angenommen, es kommt noch einmal ein großer Lockdown, dann gehe ich davon aus, dass er schlimmer wird als der erste. Was genau ich mit «schlimmer» meine, darüber kann sich jeder selbst seine Gedanken machen. Man kann sich zum Beispiel vorstellen, was passieren würde, wenn beim zweiten Mal auch jene Geschäfte geschlossen werden würden, die beim ersten Mal noch geöffnet geblieben sind.

Ich halte es für ratsam, dass wir uns solche Szenarien einfach mal überlegen – ohne Angst und ohne Panik –, um uns dadurch geistig vorzubereiten. Es ist ein Zeichen von Klugheit, sich im Vorfeld Gedanken darüber zu machen, was möglicherweise auf uns zukommen könnte. So werden wir weniger schockiert sein, falls es tatsächlich passiert. Und falls es nicht passiert, freuen wir uns umso mehr. Das ist etwa so, wie wenn ihr am Morgen aus dem Haus geht und euch nicht sicher seid, ob es an diesem Tag regnen wird oder nicht. Es ist klug, einen Regenschirm mitzunehmen – nicht aus Angst vor dem Regen, sondern einfach, weil der Tag, falls es tatsächlich regnen wird, für euch dann angenehmer sein wird.

Dasselbe gilt auch jetzt hinsichtlich der aktuellen Weltlage. Vielleicht werden gar keine schlimmen Zeiten auf uns zukommen, was uns alle natürlich freuen würde. Doch aktuell gehe ich davon aus, dass wir mit einer großen Wahrscheinlichkeit nochmals eine ziemlich seltsame Zeit vor uns haben, bevor dann anschließend alles besser wird. Daher ist es aus meiner Sicht wichtig, dass all jene Menschen, die aufrichtig eine bessere, eine heile Welt wollen, sich zusammenschließen – wenn möglich physisch, und falls dies nicht möglich ist, dann eben energetisch. In Zeiten wie diesen kann es uns große Hoffnung und Zuversicht schenken, uns immer daran zu erinnern, dass wir nicht alleine sind, sondern dass es überall viele Menschen gibt, die genau wie wir ebenfalls eine heile Welt wollen, und dass diese heile Welt auch mit Sicherheit kommen wird. Denn so viel ist gewiss: **Die Welt wird nicht untergehen, und am Ende wird alles gut sein.**

Geschichtenerzähler

Aber eben: Es wird erst *am Ende* alles gut sein, erst am Schluss dieser ganzen Geschichte, in der wir aktuell noch drinstecken. Das, was wir weltweit gerade erleben, ist im Grunde genommen nichts weiter als eine Geschichte, die uns erzählt wird, und an dieser Geschichte werden jene Dinge aufgehängt, um die es wirklich geht. Doch weil die Geschichtenerzähler, die uns diese Geschichte immer und immer wieder erzählen, uns, die Bevölkerung, anscheinend nicht wirklich mögen, müssen wir davon ausgehen, dass es vor dem Happy End wohl oder übel noch etwas schwierig werden könnte.

Wenn wir uns diese Möglichkeit jetzt schon mal vor Augen führen und uns innerlich darauf einstellen, werden wir, falls es so kommen wird, deutlich entspannter sein. Dieses Entspanntsein wiederum wird uns helfen, unser Bewusstsein hoch zu halten und nicht in die Angst zu fallen. Ich vermute, dass im Moment die meisten Menschen noch hoffen, dass am Ende alles wieder so sein wird wie zuvor, dass die «alte Normalität» wiederhergestellt wird, als wäre nichts gewesen. Ich persönlich glaube das nicht. Ich glaube, dass es am Ende für uns alle *viel besser* sein wird als früher. Aber das ist eben erst am Ende, und zwischen jetzt und diesem Happy End könnte es nochmals seltsam werden. Die Geschichtenerzähler wollen uns ja vorher unbedingt noch alle ihre Geschichten verkaufen.

Diese Geschichten zielen allesamt darauf ab, in der Weltbevölkerung alle möglichen Ängste zu schüren, vor allem die Angst vor dem Sterben. Aber seien wir mal ehrlich: Menschen sind nun einmal sterbliche Wesen. Es sterben immer Menschen – jeden Tag und überall. Unser gesamtes Dasein ist ein großes, lebensgefährliches Risiko, und theoretisch können wir buchstäblich an allem sterben. Theoretisch. Aber praktisch sterben wir gar nicht an allem. Denn wir alle haben einen individuellen Seelenplan, auf dem unter anderem festgelegt ist, wann und wie wir wieder gehen wollen, und wir alle haben unseren persönlichen Schutzengel, der auf uns aufpasst und dafür sorgt, dass unser Seelenplan eingehalten wird. Abgesehen davon beruht ja unser ganzes Leben auf dem Vertrauen, dass wir nicht an all den vielen Dingen sterben, an denen wir – rein theoretisch – sterben könnten. Wenn wir zum Beispiel in einem Raum wie diesem sind, dann vertrauen wir darauf, dass uns der Boden nicht unter den Füßen wegbricht, obwohl das theoretisch möglich wäre. Oder wenn wir auf einem Zebrastreifen eine Straße überqueren, dann vertrauen wir darauf, dass die Autofahrer stehen bleiben, obwohl sie theoretisch auch wieder losfahren und uns überfahren könnten. Genauso könnten wir – rein theoretisch – auch an dieser Virus-Geschichte sterben. Theoretisch. Und einige Menschen werden auch tatsächlich daran sterben, genauso, wie jedes Jahr Tausende und Abertausende an der Grippe oder an anderen Krankheiten sterben.

Doch was wäre, wenn dieses Virus letztlich gar nicht so gefährlich ist, wie man es uns erzählt? Können wir denn wirklich überprüfen, ob die Informationen tatsächlich wahr und ob die Maßnahmen tatsächlich gerechtfertigt sind? Die Macht, die die Geschichtenerzähler über uns ausüben, kommt in Wahrheit davon, dass wir ihnen ihre Geschichte glauben und dass wir zulassen, dass sie mit uns all jene Dinge tun, die sie tun. Dies ist nicht nur in Bezug auf die aktuelle Krise so, sondern gilt ganz generell. Auch Kriege zum Beispiel funktionieren so. Es sind nicht die Geschichtenerzähler selbst, die in den Krieg ziehen, sondern es sind die Menschen, die ihnen glauben und die ihre Befehle befolgen. Wenn die Mehrheit der Menschen entscheiden würde, dies nicht mehr zu tun, dann gäbe es keine Kriege mehr. Es hängt also immer von uns als Bevölkerung ab, wie wir auf eine bestimmte Situation oder auf eine Geschichte, die man uns erzählt, reagieren. Und unsere Reaktion wiederum hängt von unserem Bewusstsein ab. Wenn wir ständig in einem Bewusstsein der Sorgen und der Ängste leben, sind wir am leichtesten lenkbar. Das wissen auch die Geschichtenerzähler. Sie wissen, dass das, was sie vorhaben, nur dann funktioniert, wenn die Bevölkerung massiv Angst hat, wenn die Menschheit weiter vor sich hin schlummert und weiter alles mit sich machen lässt.

Mit dem Begriff «Geschichtenerzähler» meine ich übrigens nicht nur diejenigen Personen, die in der Öffentlichkeit stehen, die wir ständig in den Medien sehen und die uns die Geschichten verkaufen. Ich meine damit auch diejenigen, die hinter ihnen stehen. Wenn man wissen möchte, wer diese Hinterleute sind, gibt es dafür eine simple Methode. Es heißt ja: «Geld regiert die Welt.» So kann man sich einfach fragen: Wer regiert eigentlich das Geld? Wer hat das meiste Geld? Wer verdient an dieser ganzen Situation und wird dadurch immer noch reicher und reicher? – Und doch ist es so, dass auch diese Hinterleute letztlich nur Marionetten sind.

Falls ihr das, was ich hier sage, für verrückt haltet und falls ihr denkt, dass es mit Sicherheit nicht so sein könne, wie ich es sage, so vergesst es einfach wieder. Ihr seid selber für euer Weltbild verantwortlich und dafür, was ihr glaubt und wem ihr glaubt. Es ist euer Leben und eure Verantwortung, und ihr seid diejenigen, die mit eurem Leben und mit euren Entscheidungen klarkommen müsst. Doch sollten die äußeren Umstände wirklich nochmals schlimmer werden, so könnt ihr euch jederzeit an meine Worte zurückerinnern und erkennen, dass ihr nicht die Einzigen seid, die eine schönere, eine heile Welt wollen.

Bewusst eine heile Welt erschaffen

Ein Naturgesetz besagt, dass das, was wir Menschen uns in Gedanken vorstellen und was wir zusätzlich auch in unserem Herzen fühlen, sich allmählich in unserem Leben manifestieren wird. Wenn wir uns also gemeinsam mit vielen anderen Menschen vorstellen, wie eine heile Welt aussieht und wie es sich anfühlt, in einer heilen Welt zu leben, dann *muss* und *wird* sich diese heile Welt hier auf der Erde manifestieren. Es geht gar nicht anders, denn wir stoßen damit ein Naturgesetz an, und deshalb wird es früher oder später so kommen, wie wir es uns vorgestellt und wie wir es gefühlt haben. Wir müssen es nur aufrichtig wollen, und wir müssen bereit sein, hier auf der physischen Ebene Ankerpunkte zu sein, damit sich das Gute durch uns manifestieren und auf der Erde verankern kann.

Es gibt keine Kraft auf der Erde, die stärker ist als die Kraft von Menschen, die etwas lieben und die das, was sie lieben, unbedingt wollen. Wenn wir unsere Liebeskraft und unsere Willenskraft zusammenfügen, dann gibt es nichts, was stärker ist. Wir setzen dann – als Gegengewicht gegen die Angst, die die meisten Menschen heute noch haben – die heile Welt, die wir lieben und die wir manifestieren wollen, bewusst ins Menschheitsfeld, und dann wird sie auch kommen.

Dabei genügt es nicht, sich eine bessere Welt einfach bloß zu wünschen, im Sinne von: «Ach ja, es wäre schon schön, wenn ...». Um etwas effektiv ins Feld zu setzen, müssen wir es mit der ganzen Kraft unseres Willens wirklich wollen, und zwar als einzig mögliche Option für unsere Zukunft. Dies zu tun, ist unsere kollektive Aufgabe als Menschen, denn wir sind ja diejenigen, die hier auf der Erde inkarniert sind. Die geistige Welt wird uns dabei schon helfen, aber wir Erdenbewohner sind es, die es zunächst wollen, es dann wirklich in unserem Herzen fühlen und es schließlich auch vollziehen müssen. Die heile Welt sollte dabei die einzige Option sein, die für unsere Zukunft in Frage kommt. Sobald ausreichend viele Menschen dies tun, wird die Vision des Guten sich hier auf der Erde manifestieren, und dann ist es auch egal, was die Geschichtenerzähler inszenieren oder uns erzählen.

Die Geschichtenerzähler erzählen euch ihre Geschichten, weil sie genau wissen, dass sie selber gar nicht imstande sind, ihre Pläne zu manifestieren. Sie haben zwar den Willen, ihre Pläne umzusetzen, aber sie wissen auch, dass sie ohne eure Unterstützung – genauer gesagt: ohne eure Angst – völlig machtlos sind und dass es für sie nicht funktioniert, wenn ihr nicht daran glaubt und wenn ihr keine Angst habt. Deshalb müssen sie euch diese beängstigenden Geschichten erzählen und dann dafür sorgen, dass ihr sie glaubt. Sie müssen euch möglichst viel Angst machen, um die Dinge zu erreichen, die sie wollen und um die es ihnen wirklich geht. Sie nutzen dabei die zuvor erwähnte Gesetzmäßigkeit, wonach das, was die Menschen fühlen, sich manifestieren wird. Wenn ganz viele Menschen Angst fühlen, weil sie etwas Schlimmes erwarten, dann wird sich genau dieses Schlimme immer mehr manifestieren – und zwar einzig wegen dieser Angst. Ist das nicht verrückt? Wenn niemand Angst vor einer schlimmen Zukunft haben würde, dann könnte die Zukunft gar nicht schlimm werden. Dabei sind die Geschichten der Geschichtenerzähler letztlich eben doch bloß Geschichten mit nicht viel Wahrem daran. Stellt euch vor, dass ab morgen alle Menschen einfach nicht mehr an die Geschichte glauben würden. Was können die Geschichtenerzähler dann noch tun?

Glücklicherweise kennen wir diese Gesetzmäßigkeit ebenfalls und können sie unsererseits dafür nutzen, uns als Kollektiv auf das auszurichten, was *wir* wollen. Wenn wir das Gegenteil von Angst wollen, wenn wir eine bessere Welt wollen, dann müssen wir auch das Gegenteil von Angst fühlen, damit sich diese bessere Welt manifestieren kann. Deshalb ist es so wichtig, dass wir gerade in den bevorstehenden Monaten das Vertrauen nicht verlieren und unser Bewusstsein immer auf das Positive ausrichten – egal was man uns erzählt und egal welche Maßnahmen verordnet werden.

Vielleicht war das, was wir im Frühling 2020 erlebt haben, nur ein Testlauf, nur eine vergleichsweise harmlose Probe. Und wenn dieser Probelauf schon so viele negative Auswirkungen hatte – wie etwa all die Menschen, die ihre Einkommensquelle verloren haben und die nicht mehr wissen, wie es weitergehen soll –, dann kann man davon ausgehen, dass das Umsetzen des eigentlichen Planes noch weit mehr Auswirkungen haben wird. Aber die gute Nachricht ist: Wir als Kollektiv können das Geschehen mit beeinflussen. Denn das, was hauptsächlich ausschlaggebend dafür ist, was genau zwischen jetzt und dem Happy End geschehen wird, ist unser kollektives Bewusstsein als Menschheit. Je höher unsere kollektive Schwingung ist – mit anderen Worten: je wacher wir sind –, desto weniger verrückt werden die nächsten Monate sein. Wir sind fähig, viel Seltsames und viel Schlimmes zu verhindern, doch dazu braucht es ein hohes kollektives Bewusstsein.

Da das kollektive Bewusstsein von jedem einzelnen Menschen mitgetragen und verändert wird, besteht das Beste, das jeder einzelne von uns tun kann – sowohl für sich selbst als auch für das Kollektiv – darin: Dass wir darauf achten, dass es uns persönlich in unserem Inneren möglichst gut geht. Dass wir darauf achten, trotz allem das Vertrauen und die Zuversicht zu behalten. Dass wir selbst dann, wenn es schlimm kommen sollte, dies nur als eine vorübergehende Phase betrachten und nicht befürchten, dass es nun die nächsten hundert Jahre so bleiben wird. Keine Sorge: Wir werden nicht die nächsten hundert Jahre mit Corona verbringen. Es wird viel, viel weniger lange dauern.

Wir befinden uns aktuell in einer Phase der Reinigung, in welcher alles, was später beim Aufbau einer schöneren Welt nicht mitmachen möchte, den Planeten verlässt. Wie lange diese Übergangszeit sein wird, ist nicht genau festgelegt, aber eine gewisse Weile wird es schon dauern. Denn erstens haben die Machthaber, die gegenwärtig diesen Planeten kontrollieren, keine Lust zu gehen. Und zweitens dauert es hier im Physischen immer etwas länger, bis sich etwas verdichtet, denn das Bewusstsein der Menschheit muss zuerst dazu bereit sein. Deswegen wird die Manifestation der heilen Welt aller Wahrscheinlichkeit nach nicht von heute auf morgen geschehen.

Ein sehr wichtiger Faktor für diese Übergangszeit ist, dass wir lernen, in allem die positiven Aspekte zu sehen und zu fördern. Wir leben hier in einer Dualität. Das heißt: Wenn wir in einer bestimmten Situation etwas wahrnehmen, das nicht gut ist, dann muss es in dieser Situation auch irgendetwas Gutes, irgendetwas Positives geben, selbst wenn wir es nicht auf Anhieb erkennen. Manchmal ist das Positive so tief unter einem Berg von Negativem begraben, dass wir glauben, es existiere gar nicht. Und doch gibt es in allem Negativen immer auch etwas Positives. Dieses Positive können wir allerdings nur erkennen, wenn wir zunächst den Gedanken zulassen, dass es in der betreffenden Situation tatsächlich etwas Positives zu finden gibt. Wenn wir davon überzeugt sind, dass es nicht sein kann, werden wir es auch nicht finden. Was wir diesbezüglich übrigens tun können, ist unsere Helfer in der geistigen Welt um ihre Unterstützung zu bitten, so dass es uns gelingt, das Positive zu sehen.

Wir sollten die aktuellen Geschehnisse aber auch nicht schönreden, denn viele Menschen leiden tatsächlich darunter, dass sie etwa ihre Arbeitsstelle und damit ihre finanzielle Existenzgrundlage verloren haben und nicht mehr wissen, wie es in ihrem Leben weitergehen wird. Und doch sollten wir versuchen, in all dem Negativen das Positive zu erkennen. Vor allem sollten wir versuchen, in unserem eigenen Leben etwas Positives aus der aktuellen Situation zu machen und die Dinge, soweit es uns möglich ist, sogar mit etwas Humor zu nehmen. Eine humorvolle Haltung kann allerdings nur dann aufkommen, wenn wir zum einen die ganze Geschichte nicht so todernst nehmen und wenn wir es zum anderen nicht zulassen, dass man uns verunsichert und verängstigt. Was mich betrifft, so gibt es manchmal sogar Momente, in denen ich mich trotz der aktuell schwierigen Zeit auf das Kommende freue. Denn es wird uns die Möglichkeit geben, Altes zu überwinden und loszulassen und gemeinsam etwas Neues, Besseres aufzubauen.

Die heile Welt zu manifestieren, die wir lieben und die wir wollen, erfordert von uns eigentlich keine große Anstrengung.

Es ist wie immer im Leben auch hier eine Frage der Prioritäten. Das, was auf unserer Prioritätenliste zuoberst steht, werden wir zuerst und mit der meisten Energie machen. Sofern es uns genügend wichtig ist, dass wir eine heile Welt bekommen, werden wir sicherlich jeden Tag zwei oder drei Minuten Zeit finden, um uns diese heile Welt täglich auch wirklich vorzustellen. Zwei oder drei Minuten – mehr Zeit braucht es dafür gar nicht. Aber wie gesagt ist es wichtig, dies nicht nur in Gedanken zu tun, sondern es auch im Herzen zu fühlen.

Um ein Beispiel zu geben: Ein Handy funktioniert nur dann, wenn es Strom bekommt, und dazu braucht es ein Ladekabel. Unsere Gedanken sind das Handy, und unsere Gefühle sind das Ladekabel, welches das Handy mit Energie versorgt. Ohne das Ladekabel funktioniert das Handy nicht, und genauso funktioniert unsere Denkkraft nicht ohne die Kraft unserer Gefühle. Die Gefühle liefern uns die erforderliche Energie, damit das, was wir denken, in 3D manifestiert werden kann. Aus diesem Grund ist es so wichtig, dass wir das, was wir uns im Kopf vorstellen, auch wirklich im Herzen fühlen. Es funktioniert nur mit der gemeinsamen Kraft von Kopf und Herz.

Wenn wir dieses Gesetz kennen, sind wir gut beraten, uns möglichst viele positive Dinge vorzustellen und möglichst viele positive Gefühle zu haben. Uns vorzustellen oder gar zu befürchten, dass die Welt untergehen wird, tut weder uns selbst gut, noch hilft es der Welt. Aber uns vorzustellen, dass all das, was wir gerade erleben, nur eine vorübergehende Phase der Reinigung ist, tut uns selbst gut und hilft auch dem Kollektiv. Wie lange diese Phase dauern wird, weiß ich wie gesagt nicht, aber ich gehe nicht davon aus, dass schon in ein paar Monaten alles ganz vorbei sein wird. Andererseits wird sie auch nicht Jahre dauern. Jedenfalls ist es bloß eine Phase.

Wir stehen nun am Beginn eines Zeitabschnitts, von dem wir wussten, dass er irgendwann einmal kommen würde. Wir sind am Beginn einer Phase, auf die wir uns jetzt noch rechtzeitig vorbereiten können – sowohl physisch als auch geistig. Wenn wir es schaffen, es so zu sehen, wird diese Phase für uns persönlich weniger schlimm sein. Natürlich wird die kommende Zeit für jene Menschen, die nach wie vor nichts von alledem wissen wollen oder die entschlossen an den alten Mustern festhalten wollen, etwas schwieriger sein. Aber für jeden, der sich vorbereitet hat und der in seinem Herzen offen für neue Erkenntnisse und für Veränderungen ist, wird sie weniger schlimm sein. Bewusst oder unbewusst waren wir alle informiert, dass diese Phase kommen würde, und wir wussten auch, dass sie nicht einfach sein würde. Der bevorstehende Zeitabschnitt wird wohl kein Sonntagsspaziergang werden, doch irgendwann wird auch er wieder vorbei sein, und dann wird am Ende alles gut sein.

Übrigens: Das, was die Geschichtenerzähler momentan vorhaben, ist vergleichbar mit dem, was kurz vor dem Untergang von Atlantis geschah. Es gab auch damals Wesen, die mit den Genen und mit der menschlichen DNA herumspielten und die seltsame technologische Experimente machten. Aktuell befinden wir uns wieder an einem ähnlichen Punkt. Damals ging Atlantis unter, doch dies bedeutet nicht, dass auch unsere Welt jetzt untergehen wird. Dieses Mal ist es nur eine vorübergehende Phase, während der unser Leben ziemlich herausfordernd werden könnte. Falls es tatsächlich so kommt, wie die Geschichtenerzähler es planen, könnte es auch sein, dass mehr Menschen sterben werden als gewöhnlich. Dies muss nicht zwangsläufig durch ein Virus geschehen; es könnte auch allerlei andere Ursachen haben.

Nochmals: Die bevorstehende Zeit wird nicht unbedingt einfach werden, aber es wird erstens nur eine vorübergehende Phase sein, und zweitens wird am Ende alles gut sein. Es ist sehr hilfreich, wenn wir uns immer wieder an diese beiden Punkte erinnern.

Ich sage euch dies alles nicht, um euch Angst zu machen, sondern im Gegenteil um euch aufzufordern, euch möglichst angst*frei* mit dieser Perspektive zu befassen – sofern ihr das nicht längst getan habt. Je besser ihr euch innerlich vorbereitet, desto weniger schlimm wird es für euch selber sein. Viel mehr als diese Vorbereitung, viel mehr als das Bild einer heilen Welt ins Feld zu setzen, können wir im Moment nicht machen. Sicher ließe sich der gegenwärtige Lauf der Dinge durch einen plötzlichen Anstieg der kollektiven Bewusstseinsfrequenz noch immer sofort zum Positiven verändern, und so will ich nicht ausschließen, dass vielleicht alles gar nicht so schlimm kommen wird. Wir alle haben durch unser Bewusstsein konstant einen Einfluss auf das Weltgeschehen. Aber die Wahrscheinlichkeit ist groß, dass es vorübergehend noch sehr, sehr seltsam und nicht wirklich schön werden wird.

Trotzdem sollten wir gerade während dieser Phase immer wieder das Bild einer heilen Welt ins Feld setzen, denn das ist ja das, was wir wollen. Und das ist es auch, was am Ende mit Sicherheit da sein wird. Am Ende wird alles gut sein, so viel steht fest. Es geht also nur um die Zeit zwischen jetzt und dem Ende dieser ganzen Geschichte, bevor es danach sehr positiv und erfreulich weitergehen wird. Es geht nur um diese vorübergehende Zwischenphase. Ich finde es wichtig, euch das immer wieder so deutlich zu sagen. Jedem von euch steht es nun frei, damit anzufangen, was er will.

Keine Angst haben – egal was passiert

Selbständig zu denken und eigenverantwortlich zu handeln halte ich für etwas sehr Wichtiges. Auch wenn ihr *mir* zuhört, braucht ihr mir nicht einfach alles zu glauben, sondern ihr solltet immer selber mitdenken.

Man hat uns jedoch nicht beigebracht, selbständig zu denken und die Verantwortung dafür zu übernehmen, wie und wo wir uns informieren. Die Art und Weise, wie wir die Welt sehen und welchen Informationen wir Glauben schenken, beeinflusst direkt unser Bewusstsein, und unser Bewusstsein ist bei allem immer der entscheidende Faktor. Unser Bewusstsein ist auch das Einzige, das unserem Leben Stabilität geben kann, wenn uns gewohnte Umstände auf der physischen Ebene wegbrechen und wenn Dinge, die wir für selbstverständlich gehalten haben, plötzlich nicht mehr da oder nicht mehr zugänglich sind. Darum ist es unsere wichtigste Aufgabe, unser eigenes

Bewusstsein offen zu halten und es nicht vor lauter Angst zu verschließen.

Solange ihr ein offenes und stabiles Bewusstsein habt, spielt es keine allzu große Rolle, ob ihr die Geschichte der Geschichtenerzähler nun glaubt oder nicht. Selbst wenn ihr beispielsweise die Geschichte glauben möchtet, dass dieses Virus sehr gefährlich ist und uns alle umbringen könnte, dann wäre meine Empfehlung dennoch, dass ihr deswegen nicht in die Angst geht. Oder wenn ihr glauben möchtet, dass eine Gesichtsmaske euch schützt, dann könnt ihr sie ja anziehen und glücklich darüber sein, dass die Maske auf euch aufpasst. Was mich betrifft, so habe ich zu alledem eine etwas andere Ansicht. Aber es steht keinem von uns zu, andere Menschen zu ändern, denn jeder Mensch ist für sich selber verantwortlich und kann sich nur selber ändern. Wenn also jemand glauben möchte, es handle sich hier um etwas ganz Gefährliches und er müsse sich mit einer Maske davor schützen, dann ist dies sein gutes Recht. Wir können ihn ja zumindest bitten, dennoch keine Angst zu haben. Die Frage ob Maske oder nicht, ist nicht wirklich entscheidend; das Entscheidende ist, ob wir in der Angst sind oder nicht. Einzig darum geht es. Denn wenn wir in der Angst sind, hören wir unser Herz und unsere Seele nicht und können unser Bewusstsein nicht weiter öffnen, sondern befinden uns nur noch in einem Überlebensmodus. Und an Angst können wir tatsächlich sterben. Wie zuvor gesagt, können wir theoretisch an allem sterben, und dazu gehört auch die Angst.

Abgesehen davon, dass Angst tödlich sein kann, gibt es noch zwei andere Probleme mit der Angst: Sie senkt unser Bewusstsein, und sie verhindert, dass wir klar sehen. Doch genau diese klare Sicht brauchen wir jetzt, damit wir erkennen, was für uns richtig und was falsch ist, damit es uns innerlich gut geht. Natürlich ist es völlig normal, dass wir zwischendurch auch mal einen schlechten Tag oder sogar eine schlechte Woche haben, aber wir sollten darauf achten, dass es uns insgesamt gut geht, dass wir innerlich stabil und zuversichtlich bleiben. Hierbei ist es essenziell, keine Angst zu haben.

Gegenwärtig befinden sich Milliarden von Menschen in Angst und Sorgen, und dies betrifft direkt oder indirekt auch jeden von uns. Denn wir alle sind mit dem Kollektiv der Menschheit verbunden, und daher kann jeder von uns, wenn er unachtsam ist, von der kollektiven Angst überlagert und infiziert werden. Angenommen, wir befinden uns in einem Raum zusammen mit fünf oder zehn Personen, die alle totale Panik vor irgendetwas haben. Früher oder später wird diese Atmosphäre auf uns abfärben, und wir werden zu zweifeln beginnen – selbst dann, wenn wir eigentlich wissen, dass die Angst der anderen unbegründet ist. Unser aller Energiefelder beeinflussen sich fortwährend gegenseitig. Deshalb sollten wir uns immer wieder hinterfragen, ob die Emotionen, die wir gerade empfinden, wirklich aus uns selbst stammen oder ob wir sie etwa aus Unachtsamkeit von anderen übernommen haben.

Statt von einer Atmosphäre der Angst angesteckt zu werden, können wir auch bewusst das Gegenteil bewirken. Wir können unsere Angstfreiheit und unser Vertrauen, dass am Ende alles gut sein wird, gezielt ins Feld setzen und damit nicht nur jene Menschen unterstützen, mit denen wir physisch in Kontakt sind, sondern darüber hinaus auch jene, die wir nicht einmal direkt kennen. Unser Vertrauen, dass alles gut wird und dass wir jetzt und auch in den kommenden Monaten von unseren Schutzengeln liebevoll geführt und unterstützt werden, wird eine vollkommen andere Schwingung ins Feld setzen.

Unsere Schutzengel führen und helfen uns bereits die ganze Zeit, aber manchmal erkennen wir es nicht. Meistens steht auf dem, was sie uns als Hilfe schicken, nicht in Großbuchstaben «HILFE» drauf. Vielmehr ist es so, dass wir von ihnen so geführt werden, dass wir irgendwo scheinbar «zufällig» etwas sehen, etwas lesen oder etwas hören, damit wir die entsprechende Information aufnehmen und dann etwas Konstruktives daraus machen.

Sobald deine Seele beschließt: «Ich will möglichst gut durch die bevorstehende Zeit kommen», wirst du von oben entsprechend geführt werden und wirst die erforderlichen Informationen erhalten, damit dies möglich ist. Nur solltest du dann auch auf die Hinweise hören, die dir geschickt werden. Um ein Beispiel zu geben: Nehmen wir an, jemand kommt auf dich zu und informiert dich darüber, dass der Busfahrplan sich geändert hat und dass dein Bus nun zehn Minuten früher kommt als bisher. Wenn du dieser Information nicht glaubst, sondern denkst: «Nein, das kann nicht sein, denn es war bisher immer gleich, warum sollte sich daran etwas ändern?», und wenn du deswegen weiterhin erst zur gewohnten Zeit eintriffst, wirst du den Bus immer wieder verpassen. Was soll man denn noch mehr machen als dich zu informieren? Wenn du hingegen auf den Hinweis hörst und dein Verhalten danach richtest, wird alles gut sein.

Das Beste, was wir im Moment tun können, ist erstens keine Angst zu haben und zweitens darauf zu achten, dass es uns innerlich gut geht und dass unser Bewusstsein stabil bleibt, egal was in den kommenden Monaten noch passieren wird. Einfach – keine – Angst – haben. Wir wissen ja, dass am Ende alles gut sein wird, und wenn unsere Seele es will, so wird für uns auch immer gesorgt sein. Was genau im Detail geschehen wird, weiß auch ich nicht vorherzusagen. Vielleicht wird es zwischendurch schwierig und herausfordernd. Oder vielleicht ändert sich die Lage auch, und es kommt nicht ganz so schlimm. Auch das ist möglich, aber ich würde mich nicht darauf verlassen, dass sich plötzlich alles ändert und dass uns gewisse Herausforderungen erspart bleiben. Doch wenn alles glimpflich verläuft, dann umso besser.

Zum Thema Angst möchte ich noch anfügen, dass es zum einen so etwas wie eine «gute», begründete Angst gibt und zum anderen eine überflüssige, unbegründete Angst. Wenn wir uns beispielsweise davor fürchten, von einer hohen Brücke runterzuspringen oder quer über eine befahrene Autobahn zu rennen, dann ist dies eine begründete und sinnvolle Form der Angst. Bei anderen Dingen hingegen stehen wir uns mit unserer unbegründeten Angst nur selber im Weg.

Selbst wenn es so wäre, dass wir uns gerade mitten in einer gefährlichen weltweiten Pandemie befinden, würde es uns auch nicht weiterbringen, wenn wir Angst davor haben. Die Pandemie wäre ja trotzdem da. Sogar wenn wir glauben, dass wir daran sterben könnten, bleibt die Frage: Wie wollen wir sterben – lieber mit Angst oder ohne Angst? Ich vermute mal, dass die meisten Menschen lieber möglichst angstfrei und möglichst glücklich sterben wollen. Nur schon deshalb ist es in jedem Fall ratsam, keine Angst zu haben. Denn entweder werden wir nicht sterben, was natürlich seine Vorteile hat. Oder aber wir werden sterben, doch dann sterben wir zumindest glücklich und voller Vertrauen statt voller Angst. Und wie gesagt: Unabhängig von einer Pandemie können wir theoretisch jederzeit an allem sterben.

Meiner Wahrnehmung nach haben die ganzen verordneten Maßnahmen vor allem zum Ziel, unser Bewusstsein niedrig zu halten und die kollektive Schwingung der Menschheit möglichst wieder zu senken. Unser Bewusstsein wird niedrig gehalten durch die ständige Angst davor, etwa die Arbeit oder die Wohnung zu verlieren oder dass wir selbst oder unsere Verwandten und Freunde schwer erkranken oder sterben könnten. Natürlich sollten wir uns, wenn wir von solchen Problemen direkt betroffen sind, ernsthaft mit diesen Fragen auseinandersetzen; daran ist überhaupt nichts falsch. Aber eine solche Auseinandersetzung geht auch ohne Angst. Denn Angst ist das einzig wirkliche Problem bei alledem, da sie unsere klare Sicht vernebelt und unsere persönliche Schwingung sinken lässt. Deshalb ist dies aus meiner Sicht einer der Hauptgründe, warum uns diese Geschichte überhaupt erzählt wird: um uns Angst zu machen und um uns in Angst zu behalten.

Wenn ein Mensch fortwährend damit beschäftigt ist, sich um sein Überleben zu sorgen, interessieren ihn andere Dinge – wie etwa eine Seele zu haben oder eine höhere Bestimmung im Leben – verständlicherweise nicht so sehr, denn er hat Grundlegenderes zu tun. Damit man sich mit philosophischen oder spirituellen Themen befassen kann, braucht es ein Umfeld, in dem es nicht bloß um die Überlebenssicherung geht. Sich Gedanken über sein Überleben zu machen, ist völlig natürlich und auch völlig in Ordnung, denn schließlich wollen und sollen wir hier gut leben. Das Problem ist bloß die Angst.

Als Menschen, die bereits ein Stückchen mehr erwacht und ein wenig bewusster geworden sind, haben wir die Verantwortung, jetzt das Gegenteil von Angst ins Feld zu setzen. Dies können wir nicht von jenen Menschen erwarten, die wirklich reale Angst haben und die die spirituellen Dimensionen noch nicht fühlen können. Wir jedoch haben diese Möglichkeit und damit auch die Verantwortung, jetzt bewusst das Gute, das wir lieben und das wir wollen, ins kollektive Feld zu setzen – mit der geballten, vereinten Kraft unseres Willens und unserer Liebe. Dann wird dieses Gute die einzig mögliche Option für die Zukunft der Erde sein: Wir wollen eine heile Welt – Punkt. Am Ende wird mit Sicherheit alles gut sein, egal wie lange es noch dauern und was bis dahin noch passieren wird. Das steht bereits fest, denn eine andere Option gibt es nicht.

In allem das Positive sehen

Etwas Positives an der gegenwärtigen Situation ist, dass es sich im Wahrheit um einen Reinigungsprozess handelt, im Verlaufe dessen der Planet Erde sich reinigt und erneuert. Ein anderer positiver Aspekt ist, dass nun immer mehr Menschen am Aufwachen sind – Menschen, die ohne die aktuellen Ereignisse vielleicht noch viele Jahre weitergeschlafen hätten. Durch diese ganze seltsame Geschichte werden immer mehr Leute wachgerüttelt und merken, dass uns keine politische Partei und keine der herrschenden Organisationen jemals Frieden schenken wird – und schon gar nicht eine heile Welt. Wenn wir wirklich Frieden und eine heile Welt wollen, bleibt uns nichts anderes übrig als bei uns selbst anzufangen – jeder bei sich und in seinem eigenen Umfeld. Wir alle sind aufgefordert, jetzt bewusst Frieden zu schaffen.

Für viele ist mittlerweile offensichtlich geworden, wie wenig unsere Politik uns Menschen mag. Sie mochte uns im Grunde noch nie, aber durch die aktuelle Geschichte ist diese

Tatsache noch sichtbarer geworden. Es gibt Dinge, die für jemanden, der sich noch nicht mit ihnen befasst hat oder der noch nicht mit ihnen konfrontiert worden ist, sehr weit entfernt vom Vorstellbaren liegen. Bei solchen Dingen kann ein kleiner Schock bewirken, dass man aufwacht und beginnt, klarer zu sehen. So ist vielen mittlerweile klar geworden, dass die heile Welt, die wir wollen, nur bei uns selbst beginnen kann. Als nächsten Schritt gilt es jetzt zu lernen, wie wichtig es ist, dass wir das, was wir wollen, auch wirklich fühlen. Denn wenn wir etwas fühlen, beginnen wir auch, es zu leben und zu manifestieren.

Das ist so ähnlich, wie wenn wir etwas Neues erkennen: Zuerst haben wir eine Theorie im Kopf; wir haben die Idee, dass irgendetwas so und so sein könnte. Aber wir fühlen es noch nicht, weil wir noch keinen bewussten Zugang zu der betreffenden Ebene haben. Wenn wir zum Beispiel hören, dass wir alle in unserem innersten Kern reine Liebe sind, so haben manche Menschen gefühlsmäßig schon etwas mehr Zugang zu dieser Wirklichkeitsebene und manche noch nicht so sehr. Diejenigen, die noch weniger Zugang haben, sind jedoch nicht weniger reine Liebe als die anderen; sie fühlen es bloß noch nicht so stark. Erst wenn wir eine Theorie wirklich fühlen, wissen und verwirklichen wir tief in uns drinnen, dass es so ist.

In Wahrheit sind wir alle immer schon genau da, wo wir hinwollen. Um uns spirituell zu entwickeln, brauchen wir nirgendwo anders hinzugehen. Es geht nur darum, uns wieder zu erinnern, uns selbst wieder zu ent-decken. Es geht nur darum, all das bunte Geschenkpapier und die ganzen Kartons und Ziegelsteine, die uns umgeben, Schicht um Schicht zu entfernen. Wenn wir all das wegnehmen, was wir gar nicht sind, gelangen wir wieder zu dem, was wir wirklich sind, was wir immer schon waren und immer sein werden.

Das, was uns von dem trennt, was wir wirklich sind, sind unsere Glaubenssätze, unsere inneren Muster und Prägungen, unsere Vorstellungen und Ansichten, die teilweise derart stark sind, dass wir uns mehr mit ihnen identifizieren als mit der

Liebe in uns. Wir verwechseln die beiden Ebenen und meinen, wir seien identisch mit einem bestimmten Glaubenssatz, mit einer bestimmten Vorstellung von uns selbst, und vergessen dabei, wer wir in Wahrheit sind. Dies ist eine Folge davon, dass wir uns hierher in das große Spiel des Vergessens inkarniert haben und dass wir uns hier im Laufe der Zeit alle möglichen fremden Weltbilder angeeignet haben. Aber nur weil wir uns nicht mehr an die höheren Wahrheiten erinnern können, bedeutet das nicht, dass sie nicht mehr da sind. Die Liebe, die jeder einzelne von uns immer schon ist, war bei keinem jemals verschwunden. Wir haben sie bloß vergessen und haben dann die leere Stelle mit anderen Dingen gefüllt und uns mit allerlei seltsamen Schichten umhüllt.

Wenn wir hören, dass das Einzige, das uns von der reinen Liebe trennt, die wir immer schon sind, nur unsere Glaubenssätze sind, dann klingt das alles gar nicht mehr so schlimm. Es sind ja bloß Glaubenssätze. Klar, einige davon sind derart tief in uns drin, dass wir glauben, wir seien identisch mit ihnen. Und doch tragen wir alle immer die Liebe in uns. Und klar, wenn wir zu dieser Liebe keinen bewussten Zugang mehr haben und sie nicht mehr fühlen, dann fällt es uns auch schwer, in Liebe zu handeln. Wir können ja nur so handeln, wie wir fühlen, und wenn uns der Zugang zur Liebe fehlt, werden wir anders fühlen und demzufolge auch anders handeln. Und doch tragen wir diese Liebe immer in uns und können sie jederzeit wieder entdecken und erwecken.

Ihr seid vollkommene Wesen, die jetzt wieder erwachen

Ihr alle seid vollkommene Wesen. Ihr wart in der Vergangenheit schon immer vollkommene Wesen, ihr seid es jetzt, und ihr werdet es auch in Zukunft immer sein. Wenn ich mir die Menschheit anschaue, dann habe ich ein Bild in meinem Inneren, und in diesem Bild sehen alle Menschen wunderschön aus. In diesem Bild sind alle Menschen reine Liebe, bloß dass die einen dies schon etwas mehr wissen und die anderen noch etwas weniger. Manche wissen schon etwas mehr, dass sie eigentlich nach Liebe suchen, und andere noch etwas weniger. Aber ihr seid alles wunderschöne Wesen, jeder einzelne von euch.

Man könnte nun sagen, dass diejenigen Menschen, die bewusster nach der Liebe und nach dem Spirituellen suchen, schon mehr erwacht sind als die anderen. Das ist in gewisser Weise zwar richtig, aber das Spirituelle ist nicht der einzige Bereich, in dem man das Erwachen erkennen kann. Es gibt außerdem auch den Bereich des kritischen Hinterfragens und des Querdenkens, wo ein Aufwachen stattfinden muss und gegenwärtig auch stattfindet. Manche Menschen sagen zum Beispiel, sie seien nun endlich erwacht, weil sie dieses oder jenes herausgefunden haben, was hinter den Kulissen des Weltgeschehens gespielt wird. Auch das ist richtig, denn sie sind diesbezüglich tatsächlich wacher als jene Menschen, die noch blind sämtliche Geschichten glauben, die man ihnen erzählt.

Unter den Menschen, die bereits wissen, dass das, was wir vom Weltgeschehen zu sehen bekommen, nur ein Theaterstück ist, gibt es wohl einige, die sich noch nie darüber Gedanken gemacht haben, dass wir alle in Wirklichkeit unsterbliche Seelen und reine Liebe sind. Und doch sind sie in ihrem Bereich schon mehr erwacht als andere; sie sind sozusagen teil-erwacht. Umgekehrt gibt es unter den Menschen, die sich mit Spiritualität beschäftigen, wohl einige, die in einer rosaroten Welt leben, in der alles aus Regenbögen und Einhörnern besteht. Das mag ja schön sein, aber es ist eben auch nur ein Teil des Ganzen und blendet andere wichtige Teile aus. Auch diese Menschen sind in ihrem Bereich schon mehr erwacht als andere; auch sie sind teil-erwacht. Vollständig wach in sämtlichen Bereichen ist im Moment wahrscheinlich noch niemand – auch ich nicht. Denn es gibt für uns alle immer irgendwo noch etwas Neues zu lernen.

Der größte Unterschied zwischen den noch-schlafenden und den schon-erwachenden Menschen besteht darin, dass die Erwachenden bereits wissen, dass wir alle Liebe sind und dass es diese Liebe ist, die wir alle in allem suchen. Wir wissen bereits, wonach wir suchen. Schlafende Menschen hingegen, die sich bisher keine Gedanken über den höheren Sinn des Lebens machen, kommen wahrscheinlich gar nicht auf die Idee, dass das, was sie suchen, Liebe ist. So häufen sie Geld an und kaufen sich davon beispielsweise teure Autos oder Kleider oder Häuser oder wollen sonst irgendwelche Dinge auf der physischen Ebene besitzen, weil sie unbewusst hoffen, dass dadurch die Lücke gefüllt wird, die sie in ihrem Inneren verspüren. Sie merken nicht, dass diese Lücke der Mangel an Liebe ist, und zwar nicht der Mangel an alltäglicher Liebe, sondern der Mangel an jener Liebesverbindung zum Göttlichen, die sie einstmals hatten. Diese Liebesverbindung ist es, nach der alle Menschen in ihrem tiefsten Inneren suchen.

Die einen wissen dies schon, während die anderen es noch nicht wissen. Wir dürfen dankbar dafür sein, dass wir es bereits wissen – auch dass wir wissen, dass wir die Liebe, nach der wir suchen, nicht bei irgendwelchen Menschen oder an irgendwelchen Orten finden werden, sondern letztlich nur in uns selbst. Natürlich gibt es Menschen, die viel Liebe in sich tragen und die uns dadurch an die Liebe erinnern können, und natürlich gibt es Orte, von denen viel Liebe ausströmt – und doch können sie alle unsere innere Lücke nicht vollständig füllen. Denn was wir wirklich suchen, ist die Verbindung zu jener Liebe, die wir selber sind. Dies wiederum bedeutet, dass wir diese Liebe, nach der wir suchen, irgendwann einmal gewesen sein müssen. Denn wir können uns bewusst oder unbewusst nur etwas wünschen, das wir kennen. Wir alle waren also schon einmal dort, und wir alle werden irgendwann wieder aufwachen und erkennen, dass wir die ganze Zeit über eigentlich nur nach der Liebe gesucht haben, die wir selber sind.

Irgendwann, früher oder später, wird jeder Mensch aufwachen – anders geht es gar nicht. Denn wenn wir selber das sind, nach dem wir suchen, dann muss es so sein. Aber nicht jeder wird noch in diesem Jahr oder noch in dieser Inkarnation aufwachen.

Dass wir alle Liebe sind, ist auch der Grund dafür, warum wir alle uns in unserem tiefsten Inneren nach einer heilen Welt sehnen. Denn die Liebe, die wir in uns tragen, ist heil, und wir wollen das, was in unserem Inneren ist, auch wieder im Außen, in unserem Dasein auf der Erde, erfahren und leben. Jeder von uns will, dass unsere Welt schön ist und heil, auch wenn wir vielleicht unterschiedliche Ideen davon haben, wie wir dies erreichen können. Daran ist nichts falsch, denn jeder von uns ist schließlich ein Individuum.

Was wir bei alledem nicht vergessen sollten, ist dass alles steht und fällt mit unserem Bewusstsein. Unser kollektives Bewusstsein ist der entscheidende Faktor darüber, was geschehen wird zwischen jetzt und dem Happy End, an dem dann sowieso alles gut sein wird. Deshalb besteht unsere aktuell wichtigste Aufgabe darin, dass jeder einzelne von uns darauf achtet, dass es seinem Bewusstsein möglichst gut geht. Selbst wenn es mal einen schlechten Tag oder eine schlechte Woche gibt, sollten wir dies einfach akzeptieren und nicht versuchen, es künstlich wegzuzwingen. Denn wenn wir dagegen ankämpfen oder wenn wir uns dafür verurteilen, sinkt unsere Schwingung sofort noch weiter. Wenn wir aber alles einfach angstfrei annehmen, was wir nicht ändern können, steigt unsere Schwingung umgehend wieder.

Vergessen wir nicht: Wir alle sind Menschen, und ein wenig seltsam sind wir alle. Sonst wären wir jetzt nicht hier.

2

Die Wende zum Guten

Die Vision des Guten manifestieren

Unsere Gedanken sind frei. Egal, was gerade los ist in der Welt – wir haben immer die Freiheit zu entscheiden, was wir in einer bestimmten Situation denken und welche Entscheidungen wir treffen. In schwierigen Situationen gibt es meistens zuerst eine spontane Reaktion, die von unseren inneren Mustern bestimmt wird. Wenn uns diese Erstreaktion nicht gefällt, können wir beginnen, anders zu denken und anders zu reagieren. Meine Empfehlung ist, dass wir unser Denken so ausrichten, dass wir auch in einer herausfordernden Zeit wie der jetzigen positiv bleiben und dass wir das Gute erkennen, das es überall auf der Welt gibt. Denn die Vision des Guten ist das, was wir jetzt brauchen.

Gerade dann, wenn wir feststellen, dass die Umstände um uns herum ein wenig seltsam und verrückt werden, sollten wir das Gute nicht vergessen. Wir sollten uns daran erinnern, dass es trotz allem überall viel Positives zu erkennen und zu fördern gibt. Wir sollten uns daran erinnern, dass wir eine heile Welt wollen und dass *wir* als Menschheitskollektiv es sind, die diese heile Welt gestalten. Die heile Welt fällt nicht einfach vom Himmel herunter und ist dann plötzlich da, sondern wir gestalten sie mit, indem wir uns jeden Tag ein klein wenig Zeit nehmen, um etwas Gutes ins kollektive Bewusstseinsfeld zu setzen. Selbst wenn wir uns nicht im Detail vorstellen können, wie genau eine heile Welt aussieht, reicht es schon aus, dass wir versuchen, die heile Welt in unserem Inneren zu fühlen, denn nur schon dadurch schicken wir gute Gefühle ins Feld. Das können wir überall und jederzeit tun – beim Autofahren, beim Kochen oder bei sonst irgendeiner alltäglichen Tätigkeit.

Wir brauchen jetzt möglichst viel Gutes im Energiefeld der Menschheit. Denn nur das, was zunächst im Feinstofflichen vorhanden ist, kann sich dann auf der Ebene des Physischen konkret manifestieren, indem es sich allmählich herunter verdichtet. Wenn wir also eine positive Welt haben möchten, dann müssen wir zuerst positive Gedanken und positive Gefühle ins Feld setzen – und zwar am besten die ganze Zeit über. Nicht nur dann, wenn es uns äußerlich gerade gut geht, sollten wir positiv denken und fühlen, sondern auch dann, wenn die Umstände fordernd werden, was in den kommenden Monaten durchaus geschehen könnte. Wir sollten nicht vergessen, dass am Ende alles gut sein wird, aber dass es uns als Kollektiv braucht, um dieses positive Happy End zu manifestieren. Je stärker wir jetzt das Positive ins Feld setzen, desto weniger schlimm wird die Zeit zwischen jetzt und dem Ende dieser schwierigen Phase für uns sein. Mehr brauchen wir gar nicht zu tun als einfach nur durch unsere Gedanken und Gefühle möglichst viel Gutes und Positives ins Feld zu setzen.

Die meisten Menschen haben die Erwartung, dass man das Resultat dessen, was sie tun, sofort sehen muss. Aber manchmal braucht es eine gewisse Zeit, bis die Ergebnisse unserer Handlungen sich manifestieren und sichtbar werden. Dennoch wird alles, was wir denken und fühlen, früher oder später eine Wirkung auf unsere Welt haben. Die Auswirkungen sind auch dann da, wenn wir sie vielleicht niemals zu sehen bekommen werden. Es könnte ja zum Beispiel sein, dass wir etwas Schönes denken und dass als Folge davon ein Mensch irgendwo in Asien zu lachen beginnt. So etwas ist möglich, denn jeder von uns ist mit allem verbunden und hat somit einen gewissen Einfluss auf alles andere.

Was jeder einzelne an Positivem beitragen kann

Im Moment befinden sich viele Menschen weltweit in einem Bewusstseinszustand der Angst und beeinträchtigen durch ihre Angst die kollektive Schwingung. Daher sollten wir gerade in Zeiten wie dieser entschlossen das Gegenteil von Angst ins Feld setzen. Darin besteht unsere individuelle Verantwortung. Dieses Positive ist es, was Mutter Erde aktuell am dringendsten braucht – und auch wir als Menschheit. Es ist auch gar nicht kompliziert: Jedes Mal, wenn wir uns über irgendetwas in unserem Leben freuen oder wenn wir einfach nur etwas Schönes anschauen, senden wir dadurch ein positives Gefühl ins kollektive Bewusstsein.

Ich zum Beispiel wohne in der Schweiz auf einem größeren Hügel und fahre, wenn ich etwas zu erledigen habe, jeweils mit dem Bus den Hügel hinunter ins Tal. Die Talfahrt hinunter zum Bahnhof dauert etwa zwanzig Minuten, und ich mag diese Fahrt sehr. Deshalb steige ich manchmal, wenn mir zu Hause ein wenig langweilig ist oder wenn ich merke, dass ich nicht besonders gut drauf bin, in den Bus und fahre einfach so hinunter – bloß weil mir diese Fahrt so gut gefällt und weil ich die Aussicht während der Fahrt genieße. Dann warte ich unten auf den nächsten Bus und fahre wieder hoch nach Hause. Der Verstand könnte jetzt sagen: «Das ergibt doch gar keinen Sinn», und das stimmt ja auch. Es macht für den Verstand keinen Sinn, aber ich finde die Busfahrt nun einmal schön und tue es einfach nur deswegen. Es tut mir selber gut, und das ist schon genug Sinn.

So kann sich auch jeder von euch überlegen, was euch gut tut und was euch Freude bereitet. Es muss gar nichts Spektakuläres sein. Angenommen, du hast eine Zimmerpflanze, die du schön findest, dann kannst du ihr ja sagen, wie schön sie ist, und sofort werdet ihr beide euch besser fühlen. Allein dadurch hast du schon wieder bewusst etwas Positives ins kollektive Feld gesetzt. Durch solche scheinbaren Kleinigkeiten haben wir tatsächlich die Möglichkeit, den Lauf der Welt zum

Guten zu verändern. Andere Dinge, die jetzt gerade auf diesem Planeten Erde vor sich gehen, können wir nicht direkt ändern. Natürlich kann man es versuchen, aber irgendwann ist es bloß Energieverschwendung.

Meiner Meinung nach ist es viel klüger, wenn wir uns auf das fokussieren, was wir jederzeit ändern können, nämlich unser eigenes Bewusstsein und unser eigenes Verhalten. Diese Erkenntnis wird uns Energie geben, weil wir merken, dass wir tatsächlich etwas zum großen Ganzen beitragen können. Darum sollten wir uns jeden Tag ein wenig Zeit nehmen, um etwas Gutes in die Welt zu schicken. Ebenso sollten wir uns auch immer wieder an jene Dinge erinnern, die schon jetzt gut sind – in unserem eigenen Leben und auch draußen in der Welt. Es gibt in der Gesellschaft bereits so viele gute Ideen und so viele Menschen, die eine heile Welt wollen. Da wir alle miteinander verbunden sind, hilft jeder Mensch, der einen positiven Impuls ins Feld setzt und der sich auf die positiven Dinge konzentriert, damit auch allen anderen Menschen. Je stärker unser positiver Impuls ist und je öfter wir etwas Positives aussenden, desto einfacher wird es später für andere Menschen sein, ebenfalls das Positive zu erkennen und zu manifestieren. Wenn wir uns innerlich auf das Gute ausrichten und beginnen, in allem das Positive zu sehen, wird diese Haltung irgendwann auf andere Menschen abfärben. Auf diese Weise helfen wir sowohl uns selbst als auch all jenen, die für das Gute bereits offen sind. Deshalb ist das aus meiner Sicht das Beste, was wir aktuell tun können.

Wir sollten aber auch jene respektieren, die einen anderen Beitrag leisten wollen. Solange ihr eigenes Herz mit dabei ist, solange sie glücklich sind damit, wird es ihnen Energie geben. Es geht darum, dass jeder von uns das tut, was für ihn stimmig ist und bei dem sein Herz sagt: «Ja, das will ich machen.» Wir alle haben unsere individuellen Lebensaufgaben und unsere Gründe, warum wir genau jetzt hier inkarniert sind, und wenn wir unsere Aufgaben erfüllen, macht uns das glücklich. Jeder sollte das tun, bei dem er spürt, dass es sein Beitrag für das Kollektiv der Menschheit ist.

Manche schreiben schöne Worte auf Zettel und kleben diese Zettel überall in ihrer Wohnung hin, damit sie sich an das Schöne und an das wirklich Wichtige erinnern. Gerade wenn die äußeren Umstände etwas seltsam sind, kann es vorkommen, dass wir so sehr mit den alltäglichen Herausforderungen beschäftigt sind, dass wir das Positive vergessen. Manchmal wird unser Bewusstsein auch von fremden Energiefeldern überlagert, die uns das Positive vergessen lassen. Solche Zettel können dann eine Erinnerungshilfe sein. Wie gesagt, kann es schon eine große Hilfe sein, wenn wir einfach nur etwas Schönes betrachten, das uns Freude bereitet und das uns ein gutes Gefühl schenkt, denn nur schon dadurch wird unsere Schwingung automatisch ansteigen.

Wichtig ist auch, dass wir die Liebe, die wir in uns tragen, an andere weiterschenken – sowohl an Menschen und an Tiere, Pflanzen und Steine als auch an die Gegenstände, die uns umgeben. Ich zum Beispiel rede etwa mit meinem Kühlschrank, und ich gebe den Dingen in meiner Umgebung persönliche Namen. Sie heißen dann alle irgendwie, denn es sind ja alles Wesen mit einem Bewusstsein und mit Gefühlen. Wenn du deinen Gegenständen sagst, dass du sie schön findest und dass du sie magst, reagiert das Bewusstsein des jeweiligen Gegenstandes positiv auf dich, und wenn er dich mag und dir etwas Positives zurückschickt, fühlst auch du dich gut. Dadurch wird sich dein ganzes Leben anders und besser anfühlen. Das kannst du mit allem machen – mit deinem Haus oder deiner Wohnung oder auch mit einzelnen Räumen, mit deinem Auto und so weiter. Indem du das tust, erschaffst du dir eine kleine Oase der Harmonie inmitten einer Welt, die gerade ein wenig verrücktspielt.

Außerdem sendest du dadurch wie gesagt auch für die ganze Menschheit etwas Positives ins Feld. Denn alles was wir denken und fühlen, alles was wir sagen und tun, geht automatisch ins kollektive Feld, sogar wenn wir nicht jedes Mal daran denken. Es passiert einfach. Natürlich ist es hilfreich, wenn wir uns darüber bewusst sind, dass es passiert, denn so erinnern wir uns daran, dass unsere Gedanken und Gefühle viel mehr bewirken als wir vielleicht glauben oder uns vorstellen können. So gibt es Menschen, die sich ganze Körperteile haben nachwachsen lassen, einfach indem sie überzeugt davon waren, dass es möglich ist.

Die meisten Menschen neigen heute noch dazu, die Kraft ihrer Gedanken und Gefühle zu unterschätzen, weil ihnen das nie gesagt worden ist. So zweifeln sie und sagen: «Nein, es kann doch nicht sein, dass meine Gedanken und Gefühle eine solche Macht haben.» Und weil sie es nicht glauben können, erkennen sie auch die Ergebnisse nicht. Dennoch ist es eine Tatsache, dass wir dann, wenn wir einen Gedanken wirklich fühlen und ihn immer wieder mit der Kraft unserer Gefühle unterstützen, alles manifestieren können.

Alles, was auf der Erde existiert, hat mit einem Gedanken angefangen. Alles. Unsere Gedanken erzeugen Gefühle, und unsere Gefühle entscheiden darüber, wie wir handeln. Das heißt: Wir werden keine positive Welt haben, solange wir nicht beginnen, positiv zu denken und positiv zu fühlen. Die kommenden Monate werden für uns alle eine gute Übung sein, uns immer wieder an das Positive zu erinnern und das Vertrauen nicht zu verlieren, dass am Ende alles gut sein wird.

Der liebevolle Austausch mit den Naturwesen

Unsere Liebe wird nicht nur von den anderen Menschen gebraucht oder von unseren Häusern und Autos, sondern insbesondere auch von den Naturwesen. Die Naturwesen spielen eine ganz wichtige Rolle, denn wenn sie nicht hier wären, dann würden die Bäume und Pflanzen und die ganze Natur zugrunde gehen. Und wenn die Natur zugrunde ginge, dann würden auch wir Menschen hier nicht lange überleben können. Das bedeutet: Die Naturwesen und wir Menschen brauchen uns gegenseitig.

Viele Menschen wissen heutzutage gar nicht, dass es Naturwesen wie zum Beispiel Elfen und Zwerge gibt. Sie wissen auch nicht, dass die Naturwesen durchaus spüren können, ob jemand um ihre Existenz weiß oder nicht. In ihrer Unwissenheit haben die Menschen die Naturwesen aus ihren Lebensräumen verdrängt und damit großen Schaden für die Natur angerichtet. Was die Natur wieder mehr braucht, ist unsere Liebe, denn wenn wir die Natur lieben, werden wir auch wieder besser auf die Naturwesen aufpassen. Ohne sie wären wir gar nicht lebensfähig, denn jede Pflanze steht unter der Obhut eines Naturwesens, und wenn dieses Naturwesen sagt: «Ich kann hier nicht mehr leben, ich gehe jetzt von hier weg», dann stirbt die Pflanze. Das ist dasselbe wie bei uns Menschen: Wenn unsere Seele aus dem Körper weggeht, sterben wir.

Dadurch, dass wir Menschen schlecht mit unserer Umwelt umgehen und uns nicht darüber bewusst sind, dass in der Natur feinstoffliche Hüterwesen wohnen, vertreiben wir diese Naturwesen. Sie ziehen sich an Orte zurück, an denen sie noch leben können, doch dadurch stirbt die Natur um uns herum immer mehr.

Die Naturwesen sind zwar feinstofflich, aber das heißt nicht, dass wir sie mit unseren physischen Handlungen nicht beeinflussen. Wenn wir auf der physischen Ebene die Natur zerstören, dann zerstören wir damit auch den Lebensraum der feinstofflichen Naturwesen. Jede Dimension ist mit den anderen Dimensionen vernetzt, und keine Dimension ist ein in sich geschlossener, isolierter Bereich. So beeinflussen sich das Grobstoffliche und das Feinstoffliche gegenseitig: Mit unseren Gedanken und Gefühlen nehmen wir Einfluss auf unser physisches Geschehen und erschaffen damit unsere 3D-Realität, und umgekehrt nehmen wir mit unseren Handlungen auf der physischen Ebene Einfluss auf das Geschehen im Feinstofflichen.

Wir sollten daher den Naturwesen wieder vermehrt unsere Aufmerksamkeit und unsere Liebe schenken. Sie freuen sich darüber, wenn wir um ihre Existenz wissen, wenn wir an sie denken und wenn wir wollen, dass es ihnen gut geht. Jedes Mal, wenn wir draußen einen Baum sehen oder auch eine Zimmerpflanze in unserer Wohnung, können wir uns daran erinnern, dass hier ein Naturwesen wohnt, auch wenn wir nicht imstande sind, es mit unseren Augen wahrzunehmen. Sie spüren trotzdem, ob wir an sie glauben und ob wir sie schätzen oder nicht. Wenn sie sich von den Menschen nicht wahrgenommen und nicht ernst genommen fühlen, ziehen sie sich zurück und gehen weg.

Es ist nicht so, dass die Naturwesen uns Menschen hassen. Aber sie haben mittlerweile einfach kein allzu großes Vertrauen mehr in uns, was ja auch nicht sonderlich verwunderlich ist. Doch wenn wir sie wieder ernst nehmen und wenn wir mit ihnen sprechen, obwohl wir sie nicht sehen können, kommt das bei ihnen an. Wir können zum Beispiel sagen: «Ich sehe euch zwar nicht und ich weiß auch nicht genau, wo ihr seid, aber ich weiß, dass ihr existiert, und ich will, dass es euch gut geht.»

Dieses liebevolle Angebot wird bei den Naturwesen ankommen. Genauso wie alle Lebewesen, brauchen auch sie Anerkennung und Liebe. Sie brauchen unsere Liebe jetzt in der gegenwärtigen Phase der Herausforderungen, und sie werden sie auch später brauchen, wenn die ganze Geschichte vorbei sein wird. Dann werden sie uns helfen, gemeinsam eine schönere Welt aufzubauen.

Die Liebe von Mutter Erde

Liebe ist das, was sowohl wir Menschen als auch die Naturwesen und alle anderen Geschöpfe brauchen. Liebe ist das, was heilt. Nur mit Liebe wird die Erde sich wieder heilen, und nur mit Liebe wird sich die heile Welt manifestieren.

Was wir aktuell auf der Erde vorfinden, ist ein ganz, ganz, ganz großer Mangel an Liebe. Folglich brauchen wir jetzt viel Liebe. Liebe ist ohnehin das, wonach wir alle letztlich suchen, denn Liebe ist das, was wir alle einst vollständig waren. Bewusst oder unbewusst wissen wir dies noch, denn sonst könnten wir gar nicht danach suchen. Jetzt ist die Zeit, in der wir wieder dorthin zurück gehen werden – zumindest einige von uns.

Unser Planet, die Erde, liebt uns ebenfalls, obwohl wir ihr schon seit sehr langer Zeit so viele schlimme Dinge antun. Wenn die Erde uns Menschen nicht lieben würde, würden wir längst nicht mehr hier existieren. Sie könnte uns problemlos einfach auslöschen, aber sie tut es nicht, sondern erlaubt es uns als Zivilisation noch immer, hier zu leben. Sie hat so viel Geduld mit uns Menschen, und Geduld ist ein Ausdruck von Liebe. Daher sollten wir diese Liebe erwidern und unsererseits in Liebe an die Erde denken und ihr sagen, dass wir versuchen werden, ab jetzt möglichst gut mit ihr umzugehen. Viele Menschen sind heute noch zu unbewusst, um sich Gedanken darüber zu machen, was sie da eigentlich anrichten.

Dabei hat alles hier auf der Erde ein Bewusstsein und ist kommunikationsfähig – nicht nur Steine, Pflanzen, Tiere und Menschen, sondern etwa auch dieses Glas voll Wasser hier auf dem Tisch. Wir können beispielsweise auch das Wasser mit guten Gefühlen aufladen. Wasser, in das wir ein paar Minuten lang unsere Liebe und unsere guten Gedanken hineinprogrammiert haben, wird seinen Geschmack zum Positiven verändern. Dies zeigt, dass wir nur schon dadurch, dass wir etwas fühlen, Einfluss auf unsere Umgebung nehmen können. Nur schon durch unsere Gedanken und Gefühle können wir eine Änderung in der Welt bewirken und am Ende dahin gelangen, wo wir hinwollen. Wir müssen die Liebe und unsere Vision des Guten einfach nur genügend hoch auf unsere persönliche Prioritätenliste setzen.

Es geht um mehr als um die Erde

Bei alledem, was im Moment hier auf der Erde geschieht, geht es allerdings nicht nur um die Erde und nicht nur um die Erdenmenschheit, sondern um viel mehr. Das, was hier gerade abläuft, und das, was bei diesem Spiel des Vergessens am Ende rauskommen wird, wird Auswirkungen auf das Universum haben. Die Erde existiert ja nicht isoliert vom restlichen Universum, und deshalb blicken im Moment viele Wesen von außerhalb der Erde gespannt hierher zu uns; einige von ihnen sind auch bereit, uns aktiv zu unterstützen. In diesem Experiment hat die Menschheit nunmehr Tausende von Jahren geschlafen, und so sind alle gespannt zu sehen, wie es ist, wenn die gesamte Bevölkerung eines Planeten nach einer Vollnarkose wieder aufwacht.

Wir wissen vielleicht nicht im Einzelnen, wie viele Inkarnationen in dieser Vollnarkose wir schon durchlebt haben. Aber wir wissen immerhin, dass wir jetzt in der gegenwärtigen Inkarnation bereits ein Stückweit aufgewacht sind, und allein das ist eine beachtliche Leistung. Es ist eine Leistung, innerhalb eines Kollektivs, in dem die meisten Menschen noch in tiefer Unbewusstheit schlafen, allmählich aufzuwachen. Natürlich bekommen die Menschen in diesem Prozess des Aufwachens von anderen Wesen Unterstützung in Form von Ideen und Impulsen, aber das tatsächliche Aufwachen, das macht jeder Mensch selber.

Wenn wir berücksichtigen, wie viele Inkarnationen, wie viele Jahrhunderte oder auch Jahrtausende ein Mensch geschlafen hat, dann ist es nicht mehr wichtig, ob er in diesem Leben nun mit dreißig Jahren aufwacht oder mit sechzig. Die Seele hat kein Alter, und eine Seele hat auch niemals ausgelernt. Wir alle werden nach dem Aufwachen weiter lernen und weiter wachsen, auch in hundert Jahren und in tausend Jahren und selbst dann, wenn wir in eine höhere Dimension aufgestiegen sein werden. Es gibt im Universum so viele liebevolle Wesen, die so viel weiser sind als wir und im Vergleich mit denen wir wie winzige Sandkörnchen sind.

Keiner von uns hat jemals ausgelernt, und das ist gut so. Wir alle lernen Schritt für Schritt in unserem eigenen Tempo. Auch hinsichtlich des Aufwachens ist es so, dass jeder Mensch genau dann aufwachen wird, wenn es für ihn richtig ist. Aus diesem Grund dürfen und können wir niemanden zum Aufwachen zwingen. Was wir aber tun können, ist die anderen Menschen darüber zu informieren, was wir bereits erkannt haben. Wir können zum Beispiel sagen: «Ich habe dieses oder jenes gehört oder gelesen, und ich finde es total interessant.

Was hältst du davon?» Ob der andere anschließend mit der Information tatsächlich etwas anfangen möchte, ist seine eigene Verantwortung. Menschen können sich und ihre Weltsicht nur selber ändern, und auch dann nur, wenn sie es auf der Ebene der Seele wirklich wollen.

Daher sollten wir darauf achtgeben, welche Themen man mit einem bestimmten Menschen besprechen kann und welche eher nicht. Es ist unsinnig, mit allen Menschen über alle Themen, die einen beschäftigen, reden zu wollen. Man wird sich womöglich in endlose Diskussionen verstricken, die zu nichts führen. Wir müssen niemanden von irgendetwas überzeugen. Das geht ja auch gar nicht. Wir können einem anderen Menschen unsere Ansichten anbieten, und ob er sie dann für sich annimmt oder nicht, hat einzig mit ihm selbst zu tun und nicht mit uns.

3

Hilfe von außerhalb

Positive und negative Außerirdische

Wie zuvor erwähnt, ist es nicht nur für uns Erdenmenschen wichtig und von Interesse, was im Moment gerade hier auf diesem Planeten vor sich geht, sondern auch für viele andere Wesen im Universum. Dies bezieht sich sowohl darauf, wie wir uns als Menschheit verhalten werden, als auch darauf, wie die Geschichte am Ende ausgehen wird. Diese anderen Wesen und Zivilisationen kann man vom irdischen Standpunkt aus betrachtet als «Außerirdische» bezeichnen.

Ich bin mir darüber im Klaren, dass dieser Begriff «Außerirdische» je nach Weltbild und individueller Prägung bei einigen Menschen sofort auf Unverständnis oder Ablehnung stoßen kann. Dennoch möchte ich ein wenig über dieses Thema sprechen, denn ich halte es für wichtig – gerade angesichts der aktuellen Herausforderungen, vor denen wir als Menschheit jetzt stehen.

Nach meinem Verständnis ist nicht nur die Erde bewohnt, sondern es gibt überall im ganzen Universum intelligentes Leben. Jemand hat mir die Frage gestellt, ob der Weltraum unendlich sei, doch das kann ich nicht beantworten. Denn das Universum besteht aus vielen verschiedenen Dimensionen, und ich persönlich kann nicht alle Dimensionen wahrnehmen. Was ich aber sicher sagen kann, ist erstens dass der Weltraum viel größer ist als das, was wir dreidimensional zu sehen vermögen, und zweitens dass es überall in zahlreichen Dimensionen unzählig viele verschiedene Wesen und Zivilisationen gibt – nicht bloß zwei oder drei und auch nicht bloß zehn oder zwanzig, sondern viele, viele mehr. Die meisten dieser Wesen sind von den Erdenmenschen aus gesehen feinstofflich, und in ihren höheren Dimensionen herrschen völlig andere Naturgesetze, die sich die Menschen nicht vorstellen können. Es gibt im Universum aber auch physisches, dreidimensionales Leben, so wie wir es hier kennen. All das steht natürlich nicht in den Zeitungen und auch nicht in den Schulbüchern. Doch bloß weil man es uns nicht sagt, bedeutet dies nicht, dass es nicht existiert.

Für einige dieser vielfältigen kosmischen Zivilisationen ist das, was aktuell auf der Erde geschieht, von einem gewissen Interesse. Und unter diesen Außerirdischen, die sich für uns Menschen interessieren, gibt es auf der einen Seite diejenigen, die uns mögen, und auf der anderen Seite diejenigen, die uns nicht mögen. Die Guten, die uns mögen, sind bereit, uns zu helfen und uns zu unterstützen, und die anderen, die uns nicht mögen, eben nicht. Etliche von denjenigen, die uns nicht mögen, sind schon seit längerer Zeit und insbesondere auch heutzutage auf der Erde tätig. Wenn man das aktuelle Weltgeschehen betrachtet, sieht man ja deutlich, dass sie uns nicht wirklich gern haben.

Die Geschichtenerzähler und ihre Hintermänner zum Beispiel sind zwar Menschen, aber eigentlich sind sie bloß Marionetten und Ausführende von Anweisungen aus höheren Bereichen. Denn diejenigen, die noch über ihnen stehen, sind feinstofflich und sind keine Menschen. Und sie gehören offensichtlich zu jenen Außerirdischen, die uns nicht wirklich mögen. Wenn ich mir gewisse Maßnahmen anschaue und wenn ich sehe, wie wir Menschen derzeit von den Machthabern behandelt werden, dann erinnert mich dies an die grausame Art und Weise, wie manche Menschen die Tiere behandeln. So, wie manche Menschen Tiere halten und misshandeln, so werden wir Menschen von jenen höherdimensionalen Wesen gehalten und misshandelt, die uns nicht mögen. Für mich bedeutet das zum einen, dass wir unseren Umgang mit den Tieren dringend verbessern sollten, denn wenn wir die Tiere schlecht behandeln, kommt dies früher oder später auf uns zurück. Und zum anderen zeigt es mir, was wir in den Augen der Geschichtenerzähler und der über ihnen stehenden Außerirdischen sind: nichts weiter als Nutzvieh, als Herdentiere.

Auf dem Weg hierher sahen wir auf der Autobahn einen Lastwagen, auf dem hinten drauf ein bemerkenswerter Spruch stand, nämlich: *«Niemand ist hoffnungsloser versklavt als jene, die fälschlicherweise glauben, frei zu sein.»* Dieser Satz passt ganz genau in unsere aktuelle Gesellschaft: Wir werden energetisch gefangen gehalten, aber wir merken es nicht und meinen daher fälschlicherweise, wir seien frei.

Die positive Nachricht ist aber: Auch die guten Außerirdischen sind sehr aktiv, und zwar sowohl die feinstofflichen als auch die physischen – denn es gibt ja beide. Es gibt wie gesagt sehr viele verschiedene Außerirdische. Es gibt sowohl feinstoffliche als auch physische, wobei die physischen ebenfalls die Fähigkeit haben, sich selber und auch ihre Raumschiffe für die Menschen unsichtbar zu machen. Es gibt Außerirdische, die irgendwo weit entfernt auf anderen Planeten leben; solche, die sich in der Nähe der Erde aufhalten und um die Erde herum kreisen; und solche, die in ihren außerirdischen Körpern auf der Erde herumlaufen. Schließlich gibt es auch solche, die sich als Menschen hier auf der Erde inkarniert haben. Manche der Menschen, die heute in diesem Saal anwesend sind, stammen vielleicht gar nicht von der Erde, sondern von irgendwo anders im Universum her und sind jetzt hier inkarniert, um an diesem Spiel teilzunehmen oder um den Menschen beim Aufwachen zu helfen.

Von allen diesen verschiedenen Arten von Außerirdischen gibt es sowohl positive als auch negative. Und unter den guten Außerirdischen gibt es einige, die uns bereits in der Vergangenheit aktiv geholfen haben. Ohne diese liebevollen Außerirdischen wäre die Menschheit heute wohl deutlich schlimmer dran. Allerdings dürfen sie uns nur dann helfen, wenn wir es wollen und wenn wir sie darum bitten, denn sie respektieren unseren freien Willen.

Das Wissen um die Existenz von Außerirdischen ist also schon längst auf der Erde vorhanden. Damit ist nicht nur gemeint, dass irgendwann in vergangenen Zeiten Außerirdische zu Besuch auf der Erde waren und ihre Spuren hinterlassen haben, sondern auch, dass sie in unserer Zeit hier am Wirken sind. Viele Regierungen wissen schon seit Jahrzehnten über die Anwesenheit von Außerirdischen Bescheid. Ich kann nicht sagen, wie es im Falle einzelner Regierungschefs ist, denn es kann ja sein, dass gewisse Präsidenten nicht über alles informiert werden. Aber es gibt mit Sicherheit etliche Leute in den Regierungen und dahinter, die sich über die Existenz von Außerirdischen durchaus bewusst sind und die auch Geschäftsbeziehungen zu ihnen unterhalten. Viele der Außerirdischen fliegen ständig mit ihren Raumschiffen um die Erde herum, wobei übrigens manche dieser Raumschiffe nicht so klein wie menschliche Flugzeuge sind, sondern mehrere Kilometer lang sein können. Das gilt sowohl für die Raumschiffe derjenigen Wesen, die uns mögen, als auch derjenigen, die uns nicht mögen.

Ich stelle mir immer vor, dass diejenigen, die uns wirklich von Herzen gern haben, in ihren Raumschiffen vor großen Bildschirmen sitzen und uns Menschen bei dem, was wir tun, liebevoll zusehen, weil sie uns helfen und uns unterstützen wollen. Ich bin mir sicher, dass diese positiven außerirdischen Lichtwesen schon manche Dinge erfolgreich verhindert haben – sowohl auf der energetischen als auch auf der physischen Ebene –, die von den Dunkelmächten geplant gewesen waren.

Neben diesen Lichtwesen, die hier sind, um uns aufgrund ihrer großen Liebe zur Menschheit in unseren Prozessen zu unterstützen, gibt es auch andere Außerirdische, die uns ebenfalls gespannt zuschauen und die auf unserer Seite sind. Sie sind dies nicht unbedingt deshalb, weil sie eine wirkliche Liebe zu uns haben, sondern weil sie sich darum sorgen, dass die Erdenmenschheit auch sie bedrohen könnte, wenn man sie mit ihrem aktuellen Verhalten auf den Weltraum loslässt. Man kann sich ja vorstellen, was die Menschen mit ihrem momentanen Bewusstsein auf anderen Planeten an Unheil anrichten würden. Deshalb haben auch diese Zivilisationen ein Interesse daran, dass wir uns hier eine friedliche, heile Welt erschaffen.

Wie gesagt, hat es schon in der Vergangenheit immer Außerirdische gegeben, die die Erde besucht haben. Manche von ihnen mochten uns Menschen und halfen uns, manch andere mochten uns aber ganz sicher nicht. Aufgrund der Besuche von hoch entwickelten außerirdischen Zivilisationen gab es hier gewisse Hochkulturen, die riesige Anlagen oder Pyramiden und dergleichen bauten, deren Überbleibsel noch heute existieren. In der Schule hat man uns erklärt, dass diese Anlagen von urzeitlichen Menschen mit irgendwelchen primitiven Meißeln aus Stein gehauen worden seien. Das glaube ich nicht wirklich. Es kann schon sein, dass damals auch Menschen beteiligt waren, aber ich gehe davon aus, dass sie entweder direkt mit Außerirdischen zusammengearbeitet haben oder dass sie zumindest ihre Technologien von Außerirdischen erhalten haben. Doch solche Dinge erzählt man uns in der Schule oder in den Medien nicht, und wir könnten uns ja einfach mal fragen, warum eigentlich nicht.

Vor einiger Zeit habe ich irgendwo gelesen, dass Forscher unter dem brasilianischen Amazonas-Regenwald gigantische, kilometerlange Tunnelsysteme gefunden haben. Die offizielle Erklärung, wie diese Tunnel entstanden seien, lautet, dass sie vor zehntausend Jahren von einem inzwischen ausgestorbenen Riesenfaultier gegraben worden seien. Ich bin mir sicher, dass es Leute gibt, die solche Thesen tatsächlich glauben. Dies mag vielleicht ein extremes Beispiel sein, aber es gibt genügend andere Beispiele dafür, was alles unternommen wird, damit die Bevölkerung ja nicht auf die Idee kommt, dass wir im Universum nicht alleine sind und dass es schon immer einen Austausch zwischen Menschen und außerirdischen Zivilisationen gegeben hat. Trotzdem ist es eine Tatsache, dass wir nicht alleine sind und es auch niemals waren. Es gab auch schon zu allen Zeiten Unterstützung durch positive Außerirdische, und diese liebevollen Außerirdischen helfen der Menschheit jetzt erneut in ihrem momentanen Prozess des Aufwachens.

Ich kann mir vorstellen, dass viele Menschen früher die Außerirdischen, die aus unterschiedlichen feinstofflichen oder grobstofflichen Dimensionen hierher auf die Erde gekommen waren, mit Göttern verwechselten und sie als Götter verehrten. Ich kann mir ebenfalls vorstellen, dass diejenigen heutigen Menschen, die im Grunde inkarnierte Außerirdische sind und die von anderen Zivilisationen stammen, nachts ihre Raumschiffe besuchen gehen. Wir alle verlassen in der Nacht feinstofflich unseren Körper und gehen auf Wanderschaft, um irgendwelche Dinge zu erledigen. Die Frage ist nur, wohin wir gehen. Wir sind ja multidimensionale Wesen und sind nicht auf unseren Körper beschränkt. Wir mögen zwar jetzt in unserem physischen Körper hier in diesem Gebäude sitzen, aber das ist nur ein Teil von uns, während andere Teile von uns gleichzeitig noch andere Dinge tun. Meistens bemerken wir dies in unserem Tagesbewusstsein nicht, denn es bleibt in unserem Unterbewusstsein. Das ist wohl auch gut so, denn wir wären sonst überfordert.

Allein schon in diesem Sonnensystem, in dem wir gerade leben, gibt es viele unterschiedliche Zivilisationen, und der Rest des Universums ist noch viel, viel größer. Sich mit solchen Themen zu beschäftigen und zu erkennen, dass wir nicht alleine sind und dass wir auch in der Vergangenheit nie alleine waren, erweitert unseren Horizont. Natürlich steht es aber jedem Menschen frei zu wählen, ob er der Existenz von außerirdischen Zivilisationen und ihrem Austausch mit der Erdenmenschheit einen Platz in seinem persönlichen Weltbild einräumt oder nicht. Ich gebe einfach nur gewisse Sichtweisen weiter, doch ob ihr sie annehmen oder ablehnen möchtet, ist allein eure Entscheidung.

Manchmal wollen die Leute wissen, wie außerirdische Wesen denn aussehen. Nun, die Außerirdischen sind gewiss nicht alle irgendwelche riesige, schreckliche Monster. Natürlich gibt es darunter solche, die völlig anders aussehen als Menschen, aber viele Außerirdische sehen auch ganz ähnlich aus wie wir. Das ist nicht überraschend, denn die Menschheit ist ja nicht einfach zufälligerweise entstanden, sondern sie wurde irgendwann einmal von höherdimensionalen Lichtwesen erschaffen, und es liegt nahe, dass unsere Schöpfer uns nach ihrem eigenen Aussehen geschaffen haben. Der ursprüngliche Plan dieser Schöpferwesen war, dass die Erdenmenschheit auf den Planeten aufpassen sollte. Das ist aber irgendwann aufgrund von negativen außerirdischen Einflüssen, die man nicht verhindern konnte, schief gegangen. Es kamen fremde Dunkelwesen hierher, die unsere DNA manipuliert und den Planeten gewaltsam unter ihre Kontrolle gebracht haben.

Soweit zum Thema der Außerirdischen. Wer sich mehr dafür interessiert, kann gerne selbständig weiter recherchieren. Ich finde es wichtig, dass man selbstverantwortlich auf die Suche geht, wenn man Interesse an einem bestimmten Thema hat und sich ernsthaft damit befassen möchte. Würde die breite Öffentlichkeit über all das jetzt schon Bescheid wissen, was inoffiziell auf diesem Planeten abläuft, dann könnten wahrscheinlich viele Menschen nachts nicht mehr ruhig schlafen. Deshalb hat es auch etwas Gutes, dass man nicht alles sofort erfährt, sondern im Moment noch selber recherchieren muss, wenn man innerlich bereit dazu ist, seinen Horizont zu erweitern.

Niemand von uns Menschen weiß alles. Es ist gar nicht möglich, alles zu wissen. Wir alle kennen nur gewisse Bruchstücke, die für uns zugänglich und wichtig sind. Dieses Wissen können wir anderen anbieten, sofern sie Interesse zeigen, so dass sie sich dann ihrerseits auf die weitere Suche begeben. Aber nicht alle Menschen interessieren sich für die gleichen Themen, und deshalb kann man über gewisse Dinge nicht mit jedem Menschen sprechen.

Was ich dennoch sicher weiß, ist dass es Außerirdische gibt und dass eine Gruppe von Außerirdischen uns mag und eine andere nicht. Ebenfalls offensichtlich ist, dass diejenigen, die uns aktuell diese Geschichte erzählen, eindeutig zu jener Gruppe gehören, die uns nicht wirklich mag. Dies können wir heute anhand ihres Verhaltens klar erkennen.

Freiheit durch Selbstbeobachtung

Wir haben vorhin den Satz gehört: «Niemand ist hoffnungsloser versklavt als jene, die fälschlicherweise glauben, frei zu sein.» Wir können uns an dieser Stelle ja mal fragen, was Freiheit eigentlich bedeutet.

Für mich bedeutet Freiheit vor allem Freiheit des Geistes. Doch geistig wirklich frei können wir erst dann sein, wenn wir anfangen, uns selber zu beobachten und über uns selber zu reflektieren, und wenn wir dabei erkennen, dass wir göttliche Wesen und aus Liebe gemacht sind. Solange wir nicht ganz mit dieser Erkenntnis, mit diesem Bewusstsein verbunden sind, gibt es immer irgendwelche fremde Programme, die in uns ablaufen und uns unfrei machen. Diese Programme, diese Glaubenssätze, diese mentalen Muster trennen uns von dem ab, was wir wirklich sind, und daher ist es wichtig, sie entweder zu transformieren oder aber mit etwas Neuem zu überschreiben, damit wir in unserem Bewusstsein neue Erkenntnisse etablieren können.

Die Muster, die uns unfrei machen, haben ganz unterschiedliche Ursachen. Es gibt erstens solche, die wir selbst aus unseren früheren Inkarnationen mitgebracht haben. Dann gibt es zweitens solche, die uns durch Erziehung, Bildung und so weiter eingepflanzt werden oder die wir uns sonst irgendwie von anderen einprogrammieren lassen. Drittens gibt es solche, die wir uns im Laufe unseres jetzigen Erdenlebens durch unsere eigenen Erlebnisse und Erfahrungen selber aneignen. Und viertens gibt es auch solche, die wir von vielen Generationen unserer Ahnen übernommen haben. Wenn wir uns hier in einen physischen Körper inkarnieren, tragen wir in den Zellen unseres Körpers die Glaubenssätze und Muster all unserer Vorfahren in uns – sowohl väterlicherseits als auch mütterlicherseits –, die vermutlich in den allermeisten Fällen ausschließlich ein 3D-Weltbild hatten.

Zusammengenommen ergibt das eine Mischung aus bereits mitgebrachten Mustern, aus bewusst oder unbewusst neu dazugelernten Mustern sowie aus Mustern, die wir von unseren Vorfahren genetisch übernommen haben. Diese wilde Mischung formt unser aktuelles Bewusstsein, und daher sind wir alle verständlicherweise ein wenig seltsam. Beim Aufwachen geht es nun darum, dass wir herausfinden, welche Glaubenssätze und Programme jetzt nicht mehr aktuell und nicht mehr zu unserem höchsten göttlichen Wohl sind. Wenn es uns gelingt, diese blockierenden Muster in uns umzuändern in etwas Förderliches, dann erweisen wir damit nicht nur uns selbst einen Dienst, sondern auch allen Generationen, die nach uns kommen werden. Dadurch, dass wir die genetischen Altlasten tatsächlich aus unseren Zellen löschen, durchbrechen wir einen lange vorhandenen Kreislauf, und unsere Familie wird in Zukunft von diesen Mustern nicht mehr belastet sein. Dies gilt ganz allgemein: Wenn wir an uns arbeiten und unsere Schwingung erhöhen, bleibt dies niemals nur auf uns selbst beschränkt, sondern hat immer auch positive Auswirkungen auf andere Menschen.

Das heißt allerdings nicht, dass wir jeden unserer Glaubenssätze auswechseln müssen, denn wir haben aus unseren früheren Leben auch viele nützliche und sinnvolle Erkenntnisse mitgebracht. Im Laufe unserer Inkarnationen werden wir immer erfahrener und weiser, weil wir das Gelernte von einem Leben zum nächsten mitnehmen – was ja auch gut ist so, denn sonst müssten wir jedes Mal wieder bei null anfangen. Alle unsere Erfahrungen und viele unserer daraus entstandenen Glaubenssätze waren irgendwann in der Vergangenheit berechtigt, sinnvoll und oft sogar notwendig. Doch ein großer Teil dieser Muster ist inzwischen veraltet und nicht mehr förderlich, sondern blockiert heute unsere Weiterentwicklung. Darum sollten wir erst einmal erkennen, dass solche Muster und Programmierungen überhaupt da sind. Andere Menschen können uns darauf aufmerksam machen, dass wir solche nicht mehr förderlichen Glaubenssätze in uns tragen, aber umändern können wir sie nur selber – und zwar wie gesagt dadurch, dass wir uns beobachten, über uns reflektieren und uns immer wieder kritisch hinterfragen. Wir müssen lernen, unser Denken und Fühlen, unser Sprechen und Handeln aufmerksam zu beobachten. Wir müssen lernen, uns selber beim Denken zuzuhören. Wenn das jeder macht, wird die Welt mit jeder Generation ein Stück heiler.

Was aber, wenn wir zwar den Willen haben, in der Liebe zu sein und die heile Welt zu manifestieren, wenn wir es jedoch wegen unserer blockierenden Muster und Prägungen nicht hinbekommen? – Dann zählt glücklicherweise schon unsere Absicht, denn auch unsere Absichten und Beweggründe haben eine gewisse Energie, die wir aussenden. Wir können mentale Muster, die wir schon lange in uns tragen, nicht einfach von heute auf morgen auflösen und überwinden. Dies braucht seine Zeit, und so kann es vorkommen, dass wir in der einen oder anderen Situation nicht so reagieren, wie wir es gerne täten. Das ist aber nicht weiter schlimm. Wir sollten es bloß wenigstens bemerken, und dies wiederum ist nur möglich, wenn wir gelernt haben, uns aus einer gewissen Distanz selber zu beobachten. Auch hierbei kann Humor eine gute Hilfe sein. Wir können ja auch einfach mal über uns selbst lachen. Das wirkt oft sehr befreiend.

Ein weiterer Vorteil der Selbstbeobachtung ist, dass wir dadurch auch rascher bemerken, ob wir fremde Muster übernehmen, ob also unter unseren momentanen Gedanken und Gefühlen welche sind, die gar nicht von uns stammen, sondern von anderen. Ohne diese Distanz werden wir diese Möglichkeit gar nicht erst in Betracht ziehen und automatisch denken, dass sie zu uns gehören. Auf diese Weise stellen wir uns freiwillig zum Manipuliertwerden zur Verfügung.

Wichtig ist auch das Folgende: Falls wir aufgrund unserer früheren Muster in der einen oder anderen Situation tatsächlich mal anders reagieren als wir gehofft hätten, sollten wir uns trotzdem gernhaben und uns keine Selbstvorwürfe machen. Das fällt uns leichter, wenn wir uns daran erinnern, dass die Muster, die uns heute blockieren, in der Vergangenheit fast alle einmal einen Sinn und eine Berechtigung hatten, dass wir sie damals aus irgendwelchen Gründen gebraucht haben. So können wir sowohl uns selbst als auch anderen unser manchmal vielleicht etwas seltsames Verhalten besser verzeihen.

Um all dies erfolgreich zu tun, brauchen wir Zeit – insbesondere auch Zeit mit uns alleine. Denn wenn wir immer irgendetwas zu tun und zu erledigen haben und ständig von anderen Leuten umgeben sind, kommen wir kaum dazu, uns selber in Ruhe zu beobachten.

Falls die gesellschaftlichen Zustände wirklich nochmals schlimmer werden und falls es aus irgendwelchen Gründen wieder soweit kommt, dass wir in unserer Bewegungsfreiheit auf der physischen Ebene eingeschränkt werden, hätte dies zumindest den Vorteil, dass wir dadurch mehr Zeit für uns hätten. Wir wären dann mehr auf uns selbst zurückgeworfen und könnten uns nicht mehr so stark von Äußerlichkeiten ablenken lassen. Wir könnten mehr Zeit mit uns selber zubringen und darin eine willkommene Chance zur Selbstbeobachtung sehen – eine Chance, uns all die wichtigen Fragen zu stellen, für die wir sonst nie Zeit hatten: Was will ich wirklich? Wie sieht für mich eine heile Welt aus? Wie fühlt sich mein eigenes Leben gerade an? Diese Chance wird man allerdings nur dann erkennen und nutzen können, wenn man nicht in Panik ausbricht.

Wir hätten in einer solchen Lage auch mehr Zeit, um mit den Gegenständen in unserem Zuhause zu reden. Wir hätten mehr Zeit, in unserer Wohnung all jene Dinge ausfindig zu machen, die wir nicht mehr brauchen und mit denen wir anderen Menschen eine Freude bereiten können. Wir hätten Zeit, all jene Bücher zu lesen, die wir schon lange mal lesen wollten. Und wir hätten auch Zeit, selbständig gewisse Themen zu recherchieren und uns eine eigene Meinung zu bilden, was sonst unter dem täglichen Zeitdruck für die meisten Menschen kaum möglich ist. Menschen, die tagtäglich unter Druck stehen, werden dadurch von ihrer Seele abgeschnitten und hören nicht mehr die Stimme ihres Herzens. Für all diese wichtigen Dinge hätten wir plötzlich mehr Zeit – jedoch nur, sofern wir es auch zulassen und diesen Dingen auf unserer persönlichen Prioritätenliste einen ausreichend hohen Platz einräumen.

Falls wir nicht alleine leben, sondern in einer Partnerschaft oder einer Familie, hätten wir auch mehr Zeit, um aufeinander einzugehen. Vielleicht würde es anfangs zu gewissen Spannungen und Konflikten kommen, weil die Familienmitglieder sich womöglich gegenseitig ihre Muster spiegeln. Aber dadurch könnten sie auch lernen, ihren eigenen Horizont zu erweitern und ihre Perspektive aufs Leben um neue Möglichkeiten zu ergänzen. Wenn wir erkennen und anerkennen, dass es auch ganz andere Wahrnehmungsperspektiven gibt, können wir dadurch lernen, besser mit Menschen und mit Situationen umzugehen.

Dies sind einige Beispiele dafür, dass wir sogar dann etwas Positives finden können, wenn die äußeren Umstände wirklich schwierig werden sollten. Selbstverständlich hätten solche Maßnahmen und Einschränkungen auch ihre weniger vorteilhaften Seiten. Aber wenn wir uns nur auf die Probleme konzentrieren, holen wir diese Probleme auch noch in unser eigenes Bewusstsein, womit niemandem geholfen ist. Daher ist es besser, sich über die positiven Aspekte bewusst zu werden und unsere Energie dort hinein zu geben.

Wie bereits erwähnt, bedeutet positiv zu denken nicht, dass wir uns etwas schönmalen, das nicht schön ist. Es bedeutet, dass es uns gelingt, in all dem, was nicht schön und nicht positiv ist, das Schöne und Positive zu erkennen und darauf unsere Aufmerksamkeit zu richten. Das Negative zu leugnen oder nicht wahrhaben zu wollen, ist unrealistisch. Es ist ja nicht so, dass im Frühling 2020 für alle Menschen weltweit alles super war. Im Gegenteil. Dennoch wissen wir, dass es in alledem auch irgendwo etwas Positives zu entdecken gibt. Immer.

Wenn wir zum Beispiel verpflichtet werden, Schutzmasken zu tragen, so dass wir gegenseitig unsere Gesichter und unser Lächeln nicht mehr sehen können, dann wäre dies eine gute Gelegenheit zu lernen, unsere Liebe durch unsere Augen zu zeigen. Oder aber wir schreiben auf unsere Maske drauf: «Ich liebe dich», und laufen so durch die Gegend. Das wäre doch eine kreative, sinnvolle Idee: dass wir unsere Botschaft offen sichtbar mit uns herumtragen, so dass jeder sie lesen kann. Zumindest wäre es etwas Positives, das wir mit diesen Masken anstellen könnten. Auf diese Weise können wir jederzeit versuchen, schwierige Umstände ein wenig aufzulockern und aus jeder Situation etwas Positives zu machen. Früher oder später müssen wir sowieso etwas tun, um diese ganze Geschichte aufzulockern und zum Guten zu wenden.

Wichtig ist dabei zu wissen, dass auch das Positive sehr ansteckend ist. Je mehr Menschen nicht mehr in Angst und Verunsicherung blockiert sind, sondern mit einer gewissen Lockerheit und in der Zuversicht durch diese Zeit gehen, dass am Ende alles gut sein wird, desto mehr werden wir uns gegenseitig inspirieren und desto rascher wird sich das Gute überallhin ausbreiten. Wir sind dann sozusagen «gesundheitlich ansteckend».

Wenn du eine Maske mit der Aufschrift «Ich liebe dich» trägst, wirst du wahrscheinlich rasch ins Gespräch mit anderen Menschen kommen, die genauso denken wie du, und du wirst erkennen, dass du mit deinem Wunsch nach einer heilen Welt nicht alleine bist. Auch das wäre etwas Positives. Man darf Dinge, die erfunden worden sind, um uns zu schaden, gerne auch zweckentfremden.

Wir sind keine Zufallsprodukte

Genauso, wie die Menschheit als Ganzes kein Zufallsprodukt ist, sondern eine bewusste Schöpfung von höherdimensionalen Lichtwesen, ist auch jeder einzelne Mensch niemals ein Zufallsprodukt. Keiner von uns ist aus bloßem Zufall gerade jetzt hier auf der Erde gelandet. Zufälle gibt es letztlich gar nicht, denn alles hat einen höheren Grund. So hat auch jeder einzelne von uns einen bestimmten Grund, warum er sich dafür entschieden hat, sich in dieser Zeit hier auf der Erde als Mensch zu inkarnieren. Wir alle haben uns bestimmte individuelle Aufgaben vorgenommen, die wir in dieser Inkarnation erfüllen wollen, und ebenso hat auch die Menschheit kollektiv eine Aufgabe zu erfüllen.

Die meisten heutigen Menschen wissen nicht mehr, warum sie überhaupt hier sind – oder aber sie wussten es bis vor Kurzem nicht und beginnen sich erst so langsam wieder daran zu erinnern. Aber die gute Nachricht ist, dass es Dinge gibt, die auch dann funktionieren, wenn wir nicht an sie glauben oder uns nicht über sie bewusst sind. Auch wenn wir vergessen haben, dass wir hier gerade unserem eingeplanten Lebensweg entlang schreiten und dass wir dabei Aufgaben erfüllen, die wir uns vor der Inkarnation vorgenommen haben, ist es trotzdem so. Wir brauchen nicht einmal zu wissen, was unsere Aufgaben im Einzelnen sind; es reicht schon, wenn wir sie wirklich ernsthaft erfüllen wollen. Wenn du unsicher bist, ob du auf deinem Seelenweg bist, genügt es schon, dass du es einfach von ganzem Herzen sein willst und dass du die Dinge wirklich umsetzen willst, die du dir vorgenommen hast. Dann wird es auch so sein, denn deine geistigen Helfer wissen es und führen dich – sogar dann, wenn du nicht an ihre Existenz glaubst.

Diese Führung durch unsere geistigen Helfer ist recht praktisch. Denn es gibt bestimmt bei jedem von uns irgendwelche Abmachungen, die wir mit anderen Seelen für diese Inkarnation getroffen, aber dann wieder vergessen haben. Wie aber sollen wir – auf uns alleine gestellt – unsere Abmachungen einhalten können, wenn wir sie vergessen haben? Zum Glück wissen unsere geistigen Helfer noch, dass wir diese Vereinbarungen haben, und so werden sie es einfädeln, dass wir sie zum passenden Zeitpunkt erfüllen können.

Es kann auch vorkommen, dass ein Mensch in seinem Leben auf Abwege gerät und irgendwo landet, wo er nicht hin wollte und auch nicht hin sollte. Der Grund dafür ist, dass er sich als Mensch so sehr selbst vergessen hat, dass er nicht mehr auf die Stimme seines Höheren Selbst und nicht mehr auf die Hilfe seines geistigen Teams reagiert. Dies kann zum Beispiel in Bezug auf die Berufswahl passieren. In meiner Schulklasse wurden wir gefragt, welchen Beruf wir später ausüben möchten und aus welchem Grund gerade diesen Beruf. Manche antworteten, sie wüssten gar nicht, warum sie ausgerechnet diesen oder jenen Beruf erlernen wollten. Andere sagten, es sei wegen des vielen Geldes, das man später verdienen könne. Wiederum andere sagten, ihre Eltern hätten es ihnen empfohlen. Eigentlich aber sollten wir alle in unserem Leben das tun, wofür wir begeistert sind und wozu wir uns spontan hingezogen fühlen – das, was unser Herzenswunsch ist. Wenn wir jedoch den Draht zu unserem Herzen und zu unserer inneren Führung verlieren, werden wir anderswo nach Führung suchen und letztlich einfach das machen, was andere uns sagen oder was die breite Masse uns vorlebt. Wir werden befolgen, was die Gesellschaft uns vorgibt: *was* wir tun sollen, *wann* wir es tun sollen und *wie* wir es tun sollen. Unterbewusst wissen wir, dass uns eine Führung zusteht, aber wenn wir nicht mehr mit unserem Herzen verbunden sind und unsere innere Führung nicht mehr hören, werden wir uns notgedrungen im Außen nach Orientierung und Führung umschauen.

Doch nicht jeder Mensch, der seinen Lebensweg vergessen hat, muss zwangsläufig Umwege machen oder auf Abwege geraten. So etwas kann, es muss aber nicht passieren. Vielleicht ist es auch so, dass wir zwar meinen, wir hätten unseren Lebensweg vergessen, dass wir in Wirklichkeit aber dennoch schon die ganze Zeit über auf unserem Weg gehen, ohne es in unserem Tagesbewusstsein zu wissen. Jedenfalls gilt: Solange wir in unserem Herzen das tun wollen, weswegen wir hier sind, werden wir liebevoll geführt werden und letztlich immer an unserem Ziel ankommen. Selbst wenn wir uns kurzzeitig verirren, berechnet unsere geistige Führung wie ein Navigationsgerät einfach unsere Lebensroute jeweils wieder neu.

Ein anderes Beispiel für Dinge, die auch dann funktionieren, wenn wir nicht an sie glauben oder uns nicht über sie bewusst sind, sind Schwingungen und Frequenzen. Sie beeinflussen direkt unser Bewusstsein, und je nachdem, welche Schwingungsfrequenz auf uns wirkt, macht sie etwas anderes mit uns. Wir kennen das etwa von verschiedenen Arten der Musik, die unsere Stimmungslage und unsere Energie ebenfalls auf unterschiedliche Weise beeinflussen können. Auch wenn es darum geht, kollektiv eine heile Welt zu erschaffen, können wir die Gesetze von Frequenzen nutzen. Denn Frequenzen potenzieren sich, wenn viele Menschen gleichzeitig ihre individuelle Frequenz in ein gemeinsames Feld hineingeben. Je mehr Menschen zur gleichen Zeit ihr Bewusstsein auf das Gleiche ausrichten, desto stärker ist die Wirkung.

Deshalb möchte ich euch auffordern, euch so oft es geht mit möglichst vielen Menschen zusammenzufinden und euch dann gemeinsam vorzustellen, dass ihr eine heile Welt erschaffen werdet. Stellt euch vor, wie eine heile Welt aussieht und wie es sich anfühlt, sie kollektiv zu erschaffen, und schickt dann diese Information, diese Vision des Guten, gemeinsam ins Feld. Dadurch werden sich die globalen Zustände mit Sicherheit schneller zum Positiven verändern, und möglicherweise können sogar negative Dinge, die sonst passiert wären, verhindert oder zumindest abgeschwächt werden.

Unterschätzt nicht, welche Kraft und welche Wirkung euer Bewusstsein und eure potenzierten positiven Frequenzen auf den Lauf der Dinge haben können. Denn nichts in dieser Welt ist isoliert, sondern alles ist mit allem verbunden, und alles beeinflusst sich gegenseitig. Darum haben wir die Möglichkeit, sowohl mit unserem individuellen als auch unserem gemeinsamen Bewusstsein Gutes in die Welt zu setzen und dadurch die Welt zum Guten zu wenden.

Massenerwachen

Das Beste wäre natürlich, wenn wir ein großes kollektives Massenerwachen der Menschheit hätten. Dann würde vieles von dem, was die Machthaber aktuell noch planen, garantiert nicht mehr stattfinden können.

Für ein solches Massenerwachen müssen gar nicht sämtliche Menschen auf der Erde aufwachen, sondern es braucht nur einen gewissen Prozentsatz der Menschheit, eine gewisse Anzahl von Menschen, die in ihrem Herzen eine heile Welt wollen und die bereit sind, diese jetzt gemeinsam auf der Erde zu manifestieren. Diese Menschen können dann die anderen Menschen sozusagen «mitnehmen». Denn jeder Mensch, der ein höheres Bewusstsein entfaltet hat, kann eine bestimmte Anzahl anderer Menschen zusammen mit sich selbst aufwecken. Am wirksamsten wäre es, wenn wir unsere Information der heilen Welt alle *gleichzeitig* ins Feld setzen würden. Also nicht ein paar von uns am Montag, ein paar andere am Dienstag und wieder ein paar am Mittwoch und so weiter. Genau genommen sollten wir unsere positive Frequenz des Guten *ständig* ins Feld schicken und sie dort konstant aufrecht erhalten. Wenn wir das tun, ist irgendwann einmal der Zeitpunkt erreicht, an dem bildlich gesprochen der eine letzte Tropfen «das Fass zum Überlaufen bringt».

Wie groß die Anzahl erwachter Menschen sein muss, bis das Fass überläuft und somit das ganze System ins Positive kippt, weiß ich nicht genau. Was ich jedoch mit Sicherheit weiß, ist dass es nicht alle Menschen sein müssen und dass es wichtig ist, dass die Information gleichzeitig ins Feld geht. Derzeit ist es noch so, dass viele Menschen dieses Bewusstsein manchmal haben und manchmal nicht. Manchmal wissen sie dies alles und können es auch wirklich fühlen, aber dann holt sie der Alltag wieder ein und sie vergessen es wieder. Dann erinnern sie sich irgendwann später wieder daran, aber sie können ihre Frequenz noch nicht konstant genug halten. Wenn wir jetzt schon eine ausreichende Anzahl an Menschen hätten, die ihre Frequenz dauerhaft hoch halten würden, dann würde sich von dieser Minute auf die nächste alles ändern. Dann würden all die seltsamen Dinge, die uns jetzt höchstwahrscheinlich bevorstehen, gar nicht kommen.

Ich kann daher nicht nachdrücklich genug immer wieder darauf hinweisen, dass unsere Gefühle viel, viel stärker sind und viel mehr bewirken können, als uns üblicherweise bewusst ist. **Die Kraft unserer Gedanken, zusammen mit der Energie unserer Gefühle, kann die ganze Welt zum Positiven verändern!**

Ohne unsere Angst verhungern die Wesen, die diesen Planeten kontrollieren

Die außerirdischen Wesen, die seit so langer Zeit schon diesen Planeten kontrollieren und hier den Lauf der Dinge bestimmen, ernähren sich nicht wie die Menschen von grobstofflichem Essen, sondern ihre Nahrung sind Angstschwingungen. Sie ernähren sich wortwörtlich von der Angst der Menschen. Deshalb versuchen die Geschichtenerzähler mit allen Mitteln, die Schwingung der Erdbevölkerung niedrig zu halten, indem sie jeden Tag möglichst viel Angst schüren und verbreiten und indem sie allerlei unlogische Maßnahmen treffen. Das ist ein weiterer Grund, warum ich euch dringend empfehle, einfach keine Angst zu haben – egal was passiert.

Doch nicht nur die Menschen haben aktuell Angst. Auch die Dunkelwesen, die den Planeten kontrollieren, haben sehr viel Angst – obwohl es den meisten von ihnen womöglich nicht bewusst ist. Aber es ist bereits entschieden, dass die Liebe nicht mehr aufzuhalten sein wird und dass am Ende alles gut sein wird. So gesehen haben die jetzigen Machthaber schon verloren, aber das wissen sie nicht, und schon gar nicht wollen sie es wahrhaben. Doch sie spüren es, und deshalb machen sie im Moment gerade so viel Lärm. Und deshalb ist es so, dass dieses System gerade sehr laut … stirbt. Sie haben zwar schon verloren, aber sie schüren weiterhin weltweit noch möglichst viel Angst, damit sie sich weiter ernähren und noch weiter hierbleiben können.

Wenn man weiß, dass sie sich von Angstschwingungen ernähren und dass sie nur deshalb mit derart viel Getöse Angst und Schrecken verbreiten, um die Zeit bis zu ihrem Ende noch möglichst hinauszuzögern, kann man eine einfache Schlussfolgerung ziehen: Die unlichten Wesen, die die Erde kontrollieren, werden ganz einfach sterben, sobald wir sie nicht mehr mit unserer Angst füttern. Sobald eine gewisse Anzahl von Menschen nicht mehr in der Angst ist, gibt es für diese Wesen nicht mehr genügend Nahrung. Dafür ist es nicht einmal erforderlich, dass ihr alle himmelhoch jauchzend durch die Straßen tanzt und Freudensprünge macht. Es reicht schon, wenn ihr euer Leben okay findet und zufrieden mit euch seid – einfach zufrieden seid mit dem, was ihr seid und was ihr habt. Wenn genügend viele Menschen nur einen einzigen Tag lang mit sich und mit ihrem Leben zufrieden wären, würden die Wesen des Unlichts ganz schnell verhungern, weil sie diese Schwingung des Zufriedenseins nicht aushalten könnten. Nur schon ein einziger Tag wäre ausreichend!

Stellt euch das mal vor: **Wenn genügend viele Menschen auf der Erde gleichzeitig nur einen einzigen Tag lang mit ihrem Leben zufrieden sind, wird das ganze negative System kippen. Es kann sich von einer Minute auf die nächste alles ändern!** Deshalb geht es um jeden einzelnen von euch. Vielleicht seid ihr ja dieser letzte Tropfen, der das Fass zum Überlaufen bringen wird. Seid also zufrieden oder noch besser glücklich, und geht nicht mehr in die Angst – egal was passiert!

Eine Grundhaltung des Zufriedenseins

Es liegt in unserer Hand – sowohl individuell als auch kollektiv betrachtet –, ob die kommenden Monate für uns einfach oder schwer sein werden. Denn es steht nicht fest, was genau geschehen wird. Wenn es allerdings so weitergeht wie bisher, dann wird es für uns alle wahrscheinlich vorübergehend etwas anstrengend und nicht sonderlich schön werden. Doch auch das ist kein Grund, in die Angst zu fallen, denn wir wissen ja: Am Ende wird alles gut sein.

Momentan sieht es so aus, als würde es noch einmal für eine gewisse Zeit schlimmer kommen, und es kann sein, dass während dieser Zeit mehr Menschen sterben werden als sonst üblich. Doch durch unser Bewusstsein können wir sehr stark mit beeinflussen, ob es zu einer solchen Verminderung der Weltbevölkerung kommt oder nicht. Wenn es zu einem plötzlichen kollektiven Massenerwachen der Menschheit käme – so, wie vorhin beschrieben –, dann müsste vieles nicht passieren.

Wenn genügend viele Menschen nur einen Tag lang gleichzeitig zufrieden wären, könnte sich die Lage sehr schnell zum Positiven wenden. Denn es sind einzig und allein unsere kollektiven Gedanken und Gefühle und als Folge davon unsere konkreten Handlungen, die darüber entscheiden werden, was geschieht – nicht die Politik und nicht die Medien und auch sonst niemand anders.

Gerade weil es unsere kollektiven Gedanken und Gefühle sind, die letzten Endes über den Lauf der Dinge entscheiden, sind die meisten Zeitungen und anderen Massenmedien darauf ausgerichtet, mit negativen Berichterstattungen Angst zu verbreiten. Man will die Menschen in der Schwingung der Angst und der Sorgen behalten, denn nur so kann das herrschende System weiterexistieren. Alles, was es bräuchte, um ein heile Welt zu erschaffen, sind zufriedene Menschen, die keine Angst mehr haben. Wir wissen nicht, wie viele Menschen aktuell schon angstfrei und zufrieden sind und wie viele es noch braucht, bis das System kippt und das Massenerwachen beginnt. Deshalb ist es ratsam, dass jeder einzelne von uns versucht, dauerhaft in diesem Bewusstsein der Angstfreiheit und der Zufriedenheit zu bleiben – wenn möglich als Grundeinstellung.

Es ist nicht tragisch, wenn wir ausnahmsweise mal einen schlechten Tag haben; dann ist es eben so. Es geht nur darum, dass wir uns bemühen, eine Grundhaltung des Zufriedenseins zu finden. Denn zufriedene Menschen haben den größten Einfluss darauf, ob es für uns alle in den kommenden Monaten leicht oder schwer sein wird. Sofern jedoch nicht noch plötzlich ein Wunder geschieht – was durchaus jederzeit möglich ist –, gehe ich nach dem aktuellen Stand der Dinge davon aus, dass gewisse unangenehme Erfahrungen nicht vermieden werden können. Doch selbst diese Erfahrungen können wir durch eine möglichst konstant positive, zufriedene Grundhaltung abmildern. Wenn genügend viele Menschen dies tun, werden die Wesen, die diesen Planeten kontrollieren, sehr bald verhungern. Ich finde übrigens, dass wir froh sein können, in unserer Position zu sein und nicht in ihrer. Es muss furchtbar sein, wenn man sich von Angst ernähren muss. Wir wissen wenigstens, was Liebe ist.

Ich hatte anfangs erwähnt, dass es sich bei dem ganzen aktuellen Geschehen in Wahrheit um einen Reinigungsprozess handelt. Der Planet Erde reinigt und erneuert sich. Die Reinigung muss nur deshalb so heftig vonstattengehen, weil diejenigen Wesen, von deren Mentalität der Planet gereinigt werden soll, bisher keine Lust hatten, freiwillig zu gehen. Sie wollen unbedingt bleiben, aber sie haben nun zunehmend große Angst, ihren Einfluss zu verlieren. Die Geschichtenerzähler glauben, dass sie mit ihren Plänen und Maßnahmen durchkommen werden. Aber sie werden letztlich damit nicht durchkommen, denn dafür ist bereits zu viel Licht hier. Natürlich versuchen sie es. Sie können auch gar nicht anders, denn sie haben sich von der Liebe abgetrennt, und wenn sie keine Angst mehr haben, dann haben sie gar nichts mehr. Da sie nur noch die Angst kennen und keine Liebe mehr, klammern sie sich in ihrer Verzweiflung wenigstens noch an der Angst fest, und das muss echt schlimm sein.

Indem wir uns unsererseits an die Liebe erinnern und positiv bleiben, können wir das Geschehen zum Positiven verändern und Negatives verhindern oder abschwächen. Dabei sollten wir nie vergessen, dass es in allem etwas Positives zu finden gibt – egal was kommt. Wir sollten auch nicht vergessen, dass das, was wir lieben und was wir in unserem Herzen wirklich wollen, am Ende mit Sicherheit eintreffen wird. Niemand kann die heile Welt aufhalten, denn sie ist die einzige Option für unsere Zukunft. Vielleicht manifestiert sie sich nicht morgen schon, vielleicht dauert es noch eine Weile, bis die ganze Angst aufgelöst ist, aber die heile Welt wird kommen. Denn es gibt keine andere Möglichkeit für die Zukunft dieses Planeten. Dies steht bereits fest.

Doch damit sie sich manifestieren kann, müssen wir als Kollektiv es wollen, nicht bloß im Sinne von «Es wäre schön, wenn …», sondern als einzig mögliche Realität. Denn wir sind die Menschheit, wir sind die Bewohner dieses Planeten und wir entscheiden, was wir wollen. Diejenigen Wesen, die derzeit die Erde für sich beanspruchen, gehören nicht hierher. Ihr aber gehört hierher, also solltet ihr entscheiden, was ihr wollt. Wenn ihr nicht selber für euch entscheidet, wird jemand anders für euch entscheiden, dann wird durch das Kollektiv für euch und über euch entschieden werden. Ich finde, wir sollten diese Entschlossenheit in den kommenden Wochen und Monaten zu unserer täglichen Übung machen – in dem Bewusstsein, dass es jeden einzelnen von uns braucht, um möglichst viel Positives ins Menschheitsfeld zu setzen.

Wir sollten in diesem Zusammenhang auch lernen, vermehrt selber zu denken und nicht blind alles zu glauben, was die Geschichtenerzähler uns auftischen, denn dadurch geben wir ein Stück weit unseren freien Willen auf. Manche würden argumentieren, dass man ja nicht alles glauben müsse, was in den Zeitungen steht, und das ist auch richtig, sofern man wach genug ist. Wenn wir jedoch – auch nur unbewusst – der Meinung sind, dass etwas nur schon deshalb stimmen müsse, weil es in der Zeitung steht oder weil dieser oder jener Experte es sagt, dann hören wir auf, die Information kritisch zu hinterfragen. Ab diesem Moment haben wir diesbezüglich keinen freien Willen mehr. Darum ist es aus meiner Sicht so wichtig, dass wir selber denken und selber entscheiden und unser Denken und Entscheiden nicht an andere delegieren.

Seid also einerseits kritisch und achtsam, seid aber anderseits auch zufrieden mit dem, was ihr seid und was ihr habt – und dies wenn möglich ständig. Das genügt schon, denn viel mehr könnt ihr im Moment sowieso nicht tun. Vielleicht wird euer Beitrag nicht für ein Massenerwachen ausreichen, vielleicht werdet ihr in einigen Monaten auf die jetzt bevorstehende Zeit zurückblicken und sagen: «Meine positive Einstellung hat gar nichts bewirkt, weil es zwischendurch doch schlimm geworden ist.» Doch selbst dann hat eure positive Einstellung zumindest für euch selbst etwas bewirkt. Es ist niemals sinnlos, sich für das Gute und Positive einzusetzen. Außerdem könnt ihr ja nicht wissen, ob euer Beitrag nicht vielleicht doch bewirkt hat, dass es viel weniger schlimm geworden ist als es sonst geworden wäre.

Macht euch aber auch keinen Druck, jetzt unbedingt immer zufrieden oder gar immer glücklich sein zu müssen, denn unter Druck wird es nicht klappen. Versucht einfach, euch ein Weltbild und gewisse Erkenntnisse anzueignen, die es euch ermöglichen, mit einer positiven Grundhaltung durch euer Leben zu gehen. Wenn es hilft, schreibt euch diese Erkenntnisse oder irgendwelche positiven Lebensweisheiten auf Zettel und klebt diese Zettel irgendwo hin, wo ihr sie häufig sehen werdet. Oder lest Bücher, die euch daran erinnern, dass das Gute existiert. Auf diese Weise wird es euch gelingen, euren Fokus auf das Gute gerichtet zu halten und mit euch selbst und mit eurem Leben zufrieden zu sein.

Angstfrei bleiben und niemanden verurteilen

Man könnte sich ja auch mal die Frage stellen: Welche Ziele verfolgen die Geschichtenerzähler mit ihrem ganzen Tun eigentlich? – Offensichtlich haben die aktuell erzeugten Umstände und die global verordneten Maßnahmen zum Ziel, die Bewusstseinsfrequenz der Weltbevölkerung zu senken, indem möglichst viele Menschen in der Schwingung der Angst gefangen gehalten werden. Dadurch können die Geschichtenerzähler und ihre Hintermänner ihre Macht erhalten und noch eine Weile hier bleiben. Doch ihr eigentliches Endziel ist ein technologisierter Mensch. Es gibt ja mittlerweile bereits das Bestreben, den Menschen einen Computersensor ins Gehirn zu implantieren und so eine Schnittstelle zwischen dem menschlichen Gehirn und der Technologie der künstlichen Intelligenz zu schaffen – angeblich um die Leistung des Gehirns zu verbessern und um Krankheiten zu heilen. Aus meiner Sicht ist das ziemlich verrückt, aber tatsächlich besteht das letztendliche Ziel ihres ganzen Aufwandes darin, einen seelenlosen Menschen zu erschaffen. Ich gehe davon aus, dass ihnen dieses Vorhaben nicht gelingen wird – denn am Ende wird ja alles gut sein –, aber sie werden es sicherlich versuchen und dabei vielleicht nochmals irgendwelche verrücke Dinge inszenieren.

Wir brauchen vor alledem keine Angst zu haben. Aber wir sollten schon wissen, was in unserer Welt eigentlich los ist und welche Ziele die herrschenden Machthaber verfolgen, damit wir dann auf der Grundlage dieses Wissens die für uns richtigen Entscheidungen treffen können. Deshalb sollten wir uns mit diesen Themen zumindest soweit auseinandersetzen, dass wir nicht im Nachhinein sagen müssen: «Ach, hätte ich das bloß vorher gewusst!» Ich empfehle euch daher, dass ihr euch die Zeit nehmt und diesbezüglich recherchiert und dass ihr euch dann selbstverantwortlich eine eigene Meinung bildet. Vielleicht braucht es ein klein wenig Aufwand, um gewisse Dinge herauszufinden, denn die ganzen Machenschaften leben ja davon, dass die Menschen in der Unbewusstheit und in Unwissenheit darüber sind. Wir *sollen* gewisse Fakten gar nicht kennen oder zumindest sie nicht glauben. Wir sollen nicht wissen, dass es Mächte gibt, die uns tatsächlich bewusst Schaden zufügen wollen.

Solche Dinge sind für viele Menschen nicht nur unglaubwürdig, sondern geradezu unvorstellbar. Sie sagen: «Das kann doch nicht sein. Wenn das alles wahr wäre, dann würde ich es doch bemerken.» Aber genau darum geht es: Wir *können* es bemerken, wenn wir nur genau hinschauen! Damit meine ich nicht nur die seltsamen Maßnahmen, die aktuell getroffen werden. Ich meine damit vor allem den heutigen Zustand der Erde. Der Erde geht es offensichtlich nicht gut, sie leidet – und das ist für mich ein eindeutiger Hinweis. Denn wenn die lichtvollen Kräfte auf der Erde das Sagen hätten, dann sähe mit Sicherheit alles ganz anders aus.

Da wir nun einmal in einer Gesellschaft leben, in der solche Fakten nicht im Fernsehen gezeigt werden, kann ich euch nur ermutigen, selbständig zu recherchieren und euren Horizont zu weiten. Dabei geht es mir nicht darum, im Einzelnen aufzudecken, welche Leute welche Pläne schmieden, und wir sollten auch niemanden persönlich anklagen oder verurteilen. Es geht vielmehr ums große Bild: zu erkennen, was gespielt wird, um dann auf dieser Grundlage für uns selber authentische Entscheidungen zu treffen. Es geht darum, dass ihr bewusst die

Verantwortung für euer eigenes Weltbild übernehmt und dass ihr dann selbstverantwortlich mit den Konsequenzen eurer Entscheidungen lebt.

Keiner von uns kann ausschließen, dass wir selber die eine letzte Person sind, deren Aufwachen noch benötigt wird, damit das ganze System kippt. Und weil wir es nicht ausschließen können, ist es klug, wenn wir uns bemühen, in allen Situationen und unter allen Umständen angstfrei und positiv zu bleiben. Das ist gut für uns, es ist gut für unsere Mitmenschen, und es ist gut für das gesamte Kollektiv der Menschheit. Und nicht zuletzt auch für die Erde.

Angstfrei zu bleiben ist nicht immer einfach – vor allem dann nicht, wenn man in seinem persönlichen Umfeld von Menschen umgeben ist, die wirklich große Angst haben. Es kann dann leicht passieren, dass man von ihrer Angst überlagert wird, dass man unsicher wird und zu zweifeln beginnt. Ich würde empfehlen, sich in solchen Situationen darüber bewusst zu sein, dass das, was du gerade denkst, und die Angst, die du gerade empfindest, nicht aus dir selbst stammen, sondern dass es die Zweifel und Ängste von jemand anderem sind oder dass sie aus dem Kollektiv kommen. In einem solchen Fall kannst du deine geistigen Helfer darum bitten, dass sie alle fremden Gedanken und Emotionen und sonstigen Strukturen, die du von anderen übernommen hast, wieder von dir wegnehmen.

Wie es der zuvor erwähnte Spruch auf dem Lastwagen treffend ausgedrückt hat, ist das System, in dem wir gegenwärtig leben, kein freies System. Etwas, das nicht frei ist, ist eng; und etwas, das eng ist, kann nicht in der Liebe existieren. Unfreiheit ist folglich nur dann möglich, wenn wir Angst haben und nicht im Bewusstsein der Liebe sind. Wenn wir wirklich frei sein wollen, ist unser Bewusstsein das Einzige, das wir – völlig unabhängig von den äußeren Umständen und Maßnahmen – tatsächlich ändern können. Unser Bewusstsein möglichst hoch und außerhalb der Angst und auch außerhalb von Verurteilung und Feindbilddenken zu behalten, ist also unsere wichtigste Verantwortung und zudem auch das beste

Mittel, um das menschliche Zusammenleben positiv zu verändern.

Deshalb bringt es auch nichts, wenn wir auf irgendwelche Politiker oder Wissenschaftler wütend sind oder sie verurteilen. Natürlich ist es nicht sonderlich klug, was sie momentan tun, aber sie werden sich dadurch, dass wir wütend sind, nicht ändern. Das Einzige, dass dieses System nachhaltig verändern kann, ist unser kollektives Bewusstsein, das aus dem Bewusstsein jedes einzelnen Menschen besteht. Deshalb ist es von entscheidender Wichtigkeit, dass sich jeder einzelne von euch immer und immer wieder aufrichtig bemüht, ein positives, auf das Gute ausgerichtetes Bewusstsein zu haben. Auch wenn euch dies vielleicht nicht immer gelingen mag – nur schon eure Absicht zählt und hat eine positive Energie.

Frage aus dem Publikum: Manche Menschen vermuten, dass es womöglich bald Zwangstests geben könnte oder später sogar Zwangsimpfungen oder Genexperimente. Wie soll man damit umgehen? Kann man mit einer entsprechend hohen Schwingung die unerwünschten Auswirkungen dieser Dinge energetisch wieder ausleiten?

Antwort: Unsere persönliche Schwingung hat natürlich einen Einfluss auf alles in unserem Leben und somit auch darauf, wie unser Körper auf etwas reagiert. Ein anderer Faktor bei diesem Thema ist jedoch auch, für welche Erfahrungen sich jemand auf der seelischen Ebene entschieden hat, das heißt, welche Lernaufgaben er sich für diese Inkarnation vorgenommen hat. Vielleicht waren wir damit einverstanden, hier gewisse Dinge zu erleben, um auf diese Weise auszuprobieren, wozu wir fähig sind.

Wenn wir uns aber jetzt bewusst dafür entscheiden, dass wir die Auswirkungen beispielsweise einer bestimmten Impfung nicht in unserem Körper haben wollen, dann kann unsere hohe Schwingung diese Auswirkungen neutralisieren. Besser ist es allerdings, gar nicht erst in solche Situationen zu kommen, indem wir schon im Vorfeld um einen entsprechenden Schutz bitten. Doch falls es aus irgendeinem Grund doch unmöglich ist, sich gewissen Dingen zu entziehen, können wir danach immer noch unsere geistigen Helfer um Unterstützung bitten und sie anweisen, alle entstandenen Schäden rückgängig zu machen. Das ist möglich, aber damit es funktioniert, dürfen wir nicht daran zweifeln. Wir müssen wirklich davon überzeugt sein und darauf vertrauen, dass unsere Helfer dazu in der Lage sind. Wir müssen uns sicher sein, dass es funktioniert.

Entscheidend ist dabei einmal mehr, dass wir auch vor solchen Dingen keine Angst haben. Es gibt für uns keinerlei Grund zur Angst, denn wir wissen ja, dass am Ende alles gut sein wird. Daran sollten wir uns immer erinnern, und wir sollten uns auch niemals von dieser Überzeugung abbringen lassen – egal auf welche verrückten Ideen die Geschichtenerzähler noch kommen mögen. Am Ende wird alles gut sein, das steht fest. Und je mehr Menschen dies wirklich wollen und es in ihrem Herzen auch fühlen, desto schneller geht der ganze Unsinn vorbei und desto mehr können seltsame Zustände und seltsame Maßnahmen verhindert oder abgemildert werden.

Frage: Was kann man seinen Kindern mitgeben, damit sie in der bevorstehenden Zeit nicht in die Angst fallen?

Antwort: Einerseits geht es darum, darauf zu achten, dass die Kinder immer die Verbindung zu ihrem eigenen Herzen bewahren. Das ist das Wichtigste. Andererseits auch darum, dass man selber nicht in Angst ist. Wenn die Eltern Angst haben, werden die Kinder diese Schwingung übernehmen. Eltern sollten Vorbilder für ihre Kinder sein, denn die Kinder spüren, ob ihre Eltern etwas ernst meinen oder nicht. Sie spüren, ob die Eltern tatsächlich angstfrei sind oder nicht, und entsprechend ist es dann auch für sie entweder einfacher oder schwerer. Je mehr wir selbst mit unserem Herzen verbunden sind, desto besser werden wir hinsichtlich der zahlreichen Informationen, denen wir ausgesetzt sind, spüren, was davon wahr ist und was nicht. Diese Klarheit und Sicherheit wird dann auch auf die Kinder abstrahlen.

4

Wir sind vollkommen

Dankbarkeit

Zum Abschluss möchte ich darauf hinweisen, dass es gewisse Hilfsmittel gibt, die wir uns zulegen können, um in allen bevorstehenden Situationen und unter allen Umständen angstfrei und positiv zu bleiben – oder auch, um uns wieder herauszuholen, falls wir doch einmal an einem schlechten Tag in die Angst oder in Zweifel fallen. Denn spirituell zu sein bedeutet nicht, immer eine gute Stimmung haben zu müssen. Es bedeutet aber unter anderem, dass wir lernen sollten, uns auch in schwächeren Momenten voll und ganz zu akzeptieren.

Es ist ja kein Weltuntergang, wenn wir mal einen schlechten Tag haben – einen Tag, an dem uns alles zu viel ist, an dem wir etwas mutlos sind, keinen Spaß haben und keine Energie verspüren; einen Tag, an dem wir möglicherweise niemanden sehen wollen oder sogar daran zweifeln, dass wir wirklich dabei mithelfen können, die Welt zum Guten zu verändern. An einem solchen Tag, an dem wir vielleicht einfach nur dasitzen und scheinbar nichts tun, ist es wichtig, dass wir unseren Zustand wohlwollend akzeptieren. Es ist wichtig, dass wir uns nicht stressen und nicht unter Druck setzen, heute unbedingt anders sein zu müssen. Wenn wir einen solchen Tag erwischt haben, dann ist es eben in dem Moment einfach so. Wir wissen ja mit Sicherheit, dass wir nicht ewig in diesem Tief bleiben werden und dass unsere individuelle Schwingung, die wir uns im Laufe der Zeit aufgebaut haben, durch einen einzigen schlechten Tag nicht einfach verloren gehen wird; sie wird danach auf jeden Fall wiederkommen.

Ein sehr gutes Hilfsmittel zur Vorbereitung auf schlechte Tage ist die Dankbarkeit, denn sie lenkt unser Bewusstsein rasch wieder in eine andere Richtung. So können wir zum Beispiel als Vorbereitung auf das Kommende für uns persönlich eine «Dankbarkeitsliste» erstellen, auf die wir alles notieren, wofür wir in unserem Leben dankbar sind. Es können auch alltägliche Dinge sein, die für uns derart selbstverständlich geworden sind, dass wir gar nicht mehr erkennen, wie dankbar wir dafür eigentlich sein dürfen.

Wie etwa: Wir sind dankbar dafür, dass jeden Morgen aufs Neue die Sonne aufgeht; dafür, dass wir atmen können; dafür, dass wir uns frei bewegen können; dafür, dass wir bereits einige gute Eigenschaften entfaltet haben; dafür, dass wir ein Dach über dem Kopf haben; dafür, dass wir genug zu essen haben; dafür, dass wir in unserer Wohnung fließendes Wasser und Strom und eine funktionierende Heizung haben; dafür, dass es Menschen in unserem Leben gibt, die uns lieb haben und mit denen wir uns austauschen können; dafür, dass wir geistige Helfer an unserer Seite haben, die uns beraten und uns immer unterstützen – und so weiter. Sobald ihr einmal damit anfangt, eine solche Liste zu erstellen, kann es sein, dass sie immer länger und länger wird, denn es gibt so viele kleinere und größere Dinge, für die wir dankbar sein können.

Wenn ihr auf diese Weise alle Dinge, für die ihr dankbar seid, aufschreibt und euch dann in schwierigen Momenten an sie erinnert, richtet sich euer Fokus sofort von den Problemen weg auf das Positive, und automatisch wird es euch gleich wieder besser gehen. In vielen Fällen relativieren sich unsere Probleme sofort, oder sie verschwinden sogar ganz, da sie einzig in unserem Bewusstsein existierten. In den Fällen, in denen es tatsächlich in unserem äußeren Leben bestimmte Probleme gibt, haben wir mit dem Fokus auf das Positive viel mehr Kraft, um sie zu lösen. Meistens ist es besser, einen schwierigen und herausfordernden Zustand einfach erst einmal zu akzeptieren und dann geeignete Gegenmittel einzusetzen, anstatt sich über ihn aufzuregen oder gar in Angst zu fallen. Für die Stabilität unseres Bewusstseins bringt unsere

Dankbarkeit auf jeden Fall etwas. Denn Dankbarkeit ist ein wunderbarer Schlüssel zu unserem Herzen.

Das Gute an einer solchen Dankbarkeitsliste ist, dass man sie zu Hause irgendwo hinhängen kann, so dass man sie regelmäßig sieht und dadurch konstant in einer hohen, positiven Schwingung der Dankbarkeit bleibt. In Momenten, in denen es euch vielleicht nicht gut geht und ihr Mühe habt, etwas Positives zu sehen, ist die Liste dann schon griffbereit und erinnert euch an die vielen positiven Dinge – insbesondere auch daran, dass am Ende mit Sicherheit alles gut sein wird.

Telepathie und andere Hilfsmittel

Ein weiteres Hilfsmittel ist die Erinnerung daran, dass wir alle immer miteinander verbunden sind und dass wir jederzeit auch telepathisch miteinander reden können, falls die gesellschaftlichen Umstände vorübergehend eine physische Kommunikation oder auch eine Kommunikation übers Internet nicht zulassen. Denn selbst wenn wir durch irgendwelche Maßnahmen auf der physischen Ebene eingeschränkt werden, bleiben wir doch auf der geistigen Ebene frei. Unsere Gedanken sind immer frei – es sei denn, wir schränken uns durch unsere Denkmuster selber ein oder lassen es zu, dass andere unser Denken manipulieren und uns somit auch geistig unfrei machen.

Mit der Kraft unserer Gedanken können wir machen, was immer wir wollen. Viele haben schlichtweg vergessen, wozu wir Menschen geistig fähig sind: nicht nur, dass wir mit unserer feinstofflichen Energie physische Dinge manifestieren können – was wir ständig tun, sobald wir etwas, was wir denken, auch wirklich fühlen; und nicht nur, dass wir in Gedanken überallhin reisen können; sondern auch, dass wir mit unseren Gedanken jederzeit miteinander kommunizieren können.

Jeder Mensch besitzt die Fähigkeit, durch Gedanken mit anderen Menschen zu sprechen, doch bei den meisten geschieht dies momentan noch im Unterbewusstsein. Bei manchen Menschen ist die telepathische Kommunikation – oder etwa auch die Hellsichtigkeit oder andere geistige Geschenke – schon etwas mehr aktiviert, bei anderen noch etwas weniger. Aber wir alle können jetzt diese Fähigkeit aktivieren und sie gerade im Hinblick auf die bevorstehende Zeitphase nutzen lernen.

Falls es wieder soweit kommen sollte, dass wir einander für eine gewisse Zeit nicht mehr in 3D treffen können, können wir uns ja geistig besuchen. Unbewusst tun wir das schon – vor allem nachts, denn jede Nacht verlässt unsere Seele den physischen Körper und geht in der feinstofflichen Welt auf Reisen. Wir können lernen, dies bewusst zu tun, und uns dann auf der geistigen Ebene miteinander treffen und austauschen.

Ein Faktor, der unsere bewusste telepathische Kommunikation blockieren kann, sind unsere Vorstellungen davon, wie eine Antwort, die wir von unserem Kommunikationspartner erwarten, auszusehen hat. Wenn wir diesbezüglich zu enge Vorstellungen haben, erkennen wir womöglich eine Antwort nicht, weil sie nicht unseren Erwartungen entspricht. Wir sollten nicht erwarten, dass wir eine telepathische Antwort mit unseren Ohren hören werden – so, als würden wir physisch mit einem anderen Menschen sprechen. Telepathische Antworten kommen eher durch ein Gefühl oder durch innere Bilder, doch wenn wir durch zu enge Vorstellungen blockiert sind, werden wir sie nicht erkennen.

Manchmal sage ich, dass dadurch, dass wir unser Bewusstsein und damit auch unsere Schwingung erhöhen, automatisch unsere höhere DNA freigeschaltet wird und unsere telepathischen und hellsichtigen Fähigkeiten aktiviert werden. Das ist im Grundsatz schon richtig, aber ich möchte dazu noch etwas ergänzen. Denn es bedeutet nicht, dass jeder Mensch, der ein hohes Bewusstsein hat, zwangsläufig telepathisch oder hellsichtig sein muss. Es kann auch sein, dass diese Fähigkeiten für seinen individuellen Seelenauftrag nicht förderlich wären, und dann werden sie nicht aktiviert, selbst wenn es vom Bewusstseinslevel her möglich wäre. Und es bedeutet auch nicht, dass jeder Mensch, der telepathisch oder hellsichtig ist, zwangsläufig ein hohes Bewusstsein hat. Es gibt etliche hellsichtige Menschen, die überhaupt kein hohes Bewusstsein haben. Sie haben diese Fähigkeit vielleicht aus einem früheren Leben mitgebracht oder sie sich sonst irgendwie antrainiert. Diese Art von Fähigkeiten sind also kein eindeutiger Hinweis darauf, dass jemand ein hochschwingendes Bewusstsein hat. Es war mir wichtig, diesen Punkt zu erwähnen.

Unsere telepathischen Fähigkeiten werden wie gesagt in der bevorstehenden Zeit ein empfehlenswertes Hilfsmittel sein, und wir können sie ja jetzt schon mal einüben. Für den Fall, dass die äußeren Umstände tatsächlich noch schwieriger werden, können wir uns jetzt darüber bewusst werden, dass wir energetisch mit allem verbunden sind, und wir können als Vorbereitung schon mal austesten, ob wir telepathisch mit anderen reden können. Wie ich schon erwähnt habe, ist es dabei wichtig, sich nicht durch falsche Vorstellungen einzuengen oder unter einen Erwartungsdruck zu stellen. Wenn wir verkrampft dasitzen und unter Druck unbedingt eine Antwort erhalten wollen, wird es nicht funktionieren. Wenn wir aber offen bleiben und frei von Erwartungsdruck sind, ist es sehr gut möglich, dass wir etwas empfangen. Einfach mal ausprobieren, denn es macht Spaß.

Übrigens nimmt jeder Mensch individuell unterschiedlich wahr und hat je nachdem mehr den einen oder den anderen telepathischen Kommunikationskanal geöffnet. Es läuft nicht bei allen über das «Hören». Manche sind eher im Fühlen und bekommen Gefühle vermittelt; andere sind mehr im Sehen und empfangen innere Bilder. Das ist von Person zu Person verschieden.

Was man probeweise auch machen kann, ist zum Beispiel zwischen den Händen eine Energiekugel zu erschaffen und in diese Kugel etwa ein Bild oder eine Farbe hineinzugeben. Diese Kugel schickt man dann telepathisch dem anderen Menschen, mit dem zusammen man seine telepathischen Fähigkeiten ausprobieren möchte, und auf diese Weise lässt sich überprüfen, ob der andere tatsächlich das entsprechende Bild oder die entsprechende Farbe empfängt. So könnt ihr ja einfach ein wenig rumspielen.

Nebst dem, dass wir uns nicht unter einen Erwartungsdruck stellen sollten, wäre es auch ratsam, bei solchen Experimenten uns selber gegenüber ein gewisses Vertrauen zu haben. Wenn wir ein inneres Bild oder ein Gefühl empfangen, sollten wir es nicht abtun, indem wir denken: «Ach, das bilde ich mir bloß ein.» Stattdessen können wir unsere Erfahrung der anderen Person mitteilen und herausfinden, ob wirklich etwas dran ist. Auf diese Weise gewinnen wir Vertrauen in unsere innere Wahrnehmung. Wir können zusätzlich auch unser geistiges Team bitten, dass sie uns helfen, telepathisch besser wahrzunehmen, was uns geschickt wird. Durch solche Experimente wird uns wieder bewusst, was wir mit der Kraft unserer Gedanken alles tun können. Eine solche Horizonterweiterung ist ja sowieso immer willkommen.

Ein nächstes Hilfsmittel zur Vorbereitung auf das Kommende könnte auch sein, dass wir lernen, uns wieder mehr selber zu überraschen, indem wir unsere angestammten Gewohnheiten bewusst ändern und einfach mal mutig etwas Neues ausprobieren. Manchmal ist es gut, unsere gewohnte Komfortzone zu verlassen und uns selber zu überraschen. Auch bei mir ist es so. Mit jedem Seminar, das ich gebe, bin ich wieder aufs Neue überrascht, dass ich das tue. Ich war zuvor neun Jahre lang in der Schule, und ich habe dort neun Jahre lang praktisch nichts gesagt. So bin ich jedes Mal überrascht, dass ich einen ganzen Tag lang vor Menschen reden kann. Das hätte ich nie herausgefunden, wenn ich mir nicht irgendwann gesagt hätte: «Warum eigentlich nicht?»

Das ist auch bei anderen Dingen so. Wenn wir bei irgendetwas ein gutes Gefühl haben – auch wenn wir es bisher noch nie getan haben –, können wir es ja einfach mal ausprobieren. So lernen wir uns selber besser kennen und gewinnen außerdem noch eine neue Erfahrung. Und wir haben dann etwas Neues, das wir auf die Liste unserer positiven Eigenschaften schreiben können.

Dies alles sind Hilfsmittel, mit denen wir uns wieder aus dem Sumpf herausholen können, falls es uns mal nicht besonders gut geht, weil die äußeren Umstände gerade etwas kompliziert sind. Es kann in der kommenden Zeit durchaus kompliziert und herausfordernd werden, und daher ist es gut, wenn wir uns im Vorfeld schon Gedanken dazu machen. Vielleicht empfindet ihr solche Gedanken im Moment als erschreckend, aber meiner Meinung nach ist es besser, wenn ihr jetzt theoretisch ein wenig schockiert seid als später dann tatsächlich, wenn es wirklich passiert.

Wichtig ist auch die tiefe Gewissheit, dass unser geistiges Team immer für uns da ist, dass sie uns immer liebevoll führen und auf uns aufpassen werden. Dies können sie am effektivsten tun, wenn wir sie darum bitten. Da sie wie alle Wesen des Lichts unseren freien Willen respektieren, ist es erforderlich, dass wir sie explizit um ihre Hilfe bitten, denn erst dann dürfen sie aktiv in unser Leben eingreifen. Ein solches Eingreifen könnte in der bevorstehenden Zeit noch ziemlich nützlich werden.

Willkommene Wiederholungen

Alles, was ich hier sage, ist weder etwas Neues noch etwas Einzigartiges. Aber darum geht es gar nicht. Ich sage dasselbe wie Tausende von anderen Menschen auch. Und diese Menschen sagen dasselbe wie schon Tausende von Menschen vor hundert oder vor tausend oder auch vor zweitausend Jahren. Es sind einfache, zeitlose Wahrheiten, aber weil sie immer wieder vergessen werden und weil viele von uns völlig andere Glaubensmuster in sich tragen, müssen diese einfachen Wahrheiten immer wieder wiederholt werden.

Gerade heutzutage brauchen wir diese Wiederholungen, denn auch die momentanen Geschichtenerzähler werden nicht müde, uns ihre Geschichten immer und immer wieder zu erzählen. Auch sie wissen, wie wichtig Wiederholungen sind, und sie nutzen ihren Einfluss, um das Bewusstsein der

Menschen rund um die Uhr für ihre eigenen Zwecke zu programmieren.

Die meisten der Glaubenssätze, Muster und Programme, die wir mit uns herumtragen, sind nicht von einer Sekunde auf die nächste, sondern durch ständige Wiederholung über längere Zeiträume entstanden. Deshalb müssen wir, wenn wir unsere veralteten Glaubenssätze tatsächlich umwandeln wollen, unsere neuen Erkenntnisse ebenfalls immer wieder wiederholen – und zwar am besten nicht bloß gedanklich, denn sonst bleiben sie im Kopf hängen und drehen eine Schleife nach der anderen. Vielmehr sollten wir lernen, unsere «neuen» Erkenntnisse und Glaubenssätze, die im Grunde genommen vielmehr uralten, zeitlosen Wahrheiten entsprechen, irgendwann auch wirklich im Herzen zu fühlen, denn nur so werden sie sich in unserem Bewusstsein verankern und in die Tiefe sinken. Die veralteten Glaubenssätze, die uns blockieren, fühlen wir ja auch. Genauso sollten wir auch die neuen fühlen lernen, und das geht am besten durch Wiederholung – bis wir wirklich fühlen, was wir vorher nur theoretisch wussten. In Wirklichkeit geht es bei alledem nicht darum, etwas Neues zu lernen oder etwas Anderes zu werden, sondern es ist ein Erinnern. Je mehr wir aus dem Vergessen aufwachen, desto mehr werden wir uns wieder an alles erinnern, was immer schon hier war und immer schon wahr war.

Ein Beispiel für eine solche willkommene Wiederholung und für ein solches Erinnern ist für mich etwa die Erkenntnis, dass wir das, wonach wir suchen, in Wahrheit immer schon in uns tragen und immer schon sind: dass wir reine Liebe sind und dass wir immer schon vollkommen waren und auch jetzt vollkommen sind. Das ist für mich die schönste Erkenntnis von allen: **Wir sind vollkommen. Uns fehlt es an nichts.** Diese Wahrheit tragen wir alle schon immer in uns.

Zu manchen Erkenntnissen haben wir einen bewussten, fühlbaren Zugang und zu anderen eben noch nicht, weil noch gewisse Glaubenssätze dazwischenstehen. Mehr ist es ja nicht. Wir sind immer schon vollkommen gewesen, wir sind immer schon reine Liebe gewesen, und wir sind es auch jetzt. Und gerade weil – wie alle Geschöpfe im gesamten Universum – auch alle Menschen in ihrem Inneren immer vollkommen sind, ist es überhaupt möglich, dass nach all den Tausenden von Jahren in Vollnarkose jetzt immer mehr Menschen aufwachen. Denn das, zu dem wir aufwachen, sind wir schon immer. Weil es schon immer in uns drin ist, können wir auch nur genau zu dem werden. Wir sind es ja! Das ist ja der innerste Kern unseres Wesens! Im Moment hat es einfach noch ein paar Schichten von Geschenkpapier darum herum, das ist alles.

Um dieses Geschenkpapier wieder zu entfernen, das unseren innersten Wesenskern umhüllt, müssen wir lernen, uns selber zu beobachten und über uns selber zu reflektieren. Natürlich können andere Menschen uns wertvolle Hinweise geben, und natürlich bekommen wir Hilfe von unserem geistigen Team, aber letztlich kommen wir nicht weiter, wenn wir nicht lernen, uns selber zu erkennen und zu entdecken. Das tun wir, indem wir unsere veralteten und blockierenden Glaubenssätze, die manchmal schon ziemlich seltsam sind, aufspüren und dann friedvoll auflösen.

Eine weitere Wahrheit, die wir trotz der vielen veralteten Glaubenssätze, die wir vielleicht noch haben, und trotz aller Auflösungsbemühungen niemals vergessen sollten, lautet: Wir sind nicht Menschen, die zu göttlichen Wesen werden. Sondern wir alle sind göttliche Wesen, die gerade in einem menschlichen Körper stecken und die gewählt haben, hier eine Erfahrung als Mensch zu machen. Wenn wir nicht schon immer göttliche Wesen wären, könnten wir die göttliche Liebe gar nicht in uns tragen. Aber wir alle tragen diese Liebe ja immer in uns, wir alle sind ja immer vollkommen. Deshalb wird am Ende alles gut sein.

Egal, welche seltsamen Dinge in der bevorstehenden Zeit geschehen mögen – am Ende wird alles gut sein. Das steht unwiderruflich fest.

Über die Autorin

Christina von Dreien (geb. am 15. April 2001 im schweizerischen St. Gallen als Christina Meier) wurde mit einem stark erweiterten Bewusstsein und einer Vielzahl von paranormalen Begabungen geboren. Sie gehört damit zu einer neuen Generation junger Menschen, die eine vollständig neue Dimension des menschlichen Daseins erahnen lassen. Diese Wegweiser und Impulsgeber sind gekommen, um uns mitzuteilen, welchen inneren Wert und welche Größe wir Menschen eigentlich haben und wie viel positives Potenzial in jedem einzelnen von uns schlummert. Sie zeigen uns, wie wir mit der Kraft unseres Bewusstseins und mit der Kraft der bedingungslosen Liebe unser individuelles und kollektives Leben heilsam und konstruktiv neugestalten können.

In den Jahren 2017 und 2018 erschienen die beiden Bände «Zwillinge als Licht geboren» und «Die Vision des Guten» – verfasst von ihrer Mutter Bernadette von Dreien –, die den Anfang von Christinas Geschichte erzählten: die außergewöhnlichen Umstände ihrer Geburt, ihre Kindheit und Jugend sowie den Beginn ihres Wirkens in der Öffentlichkeit.

Mit «Am Ende ist alles gut» liegt nach «Bewusstsein schafft Frieden» (2019) das zweite Buch vor, das ausschließlich aus Christinas Ausführungen zusammengestellt wurde – hauptsächlich im Rahmen des Seminars in Salzburg vom 29. August 2020, ergänzt durch ausgewählte Auszüge aus anderen Seminaren sowie aus Christinas Newslettern.

Offizielle Website von Christina:

christinavondreien.ch

Die «Christina»-Buchreihe

Bernadette von Dreien

CHRISTINA, Band 2: Die Vision des Guten

Das Buch:

337 Seiten, gebunden, mit Lesebändchen
ISBN 978-3-905831-50-4
€ 19,90 / Fr. 28.00

Das Hörbuch:

Vollständige, ungekürzte Hörbuchfassung
Lesung: Nicola Good
Umfang: 2 CDs (MP3-Format) mit Booklet, in edlem DigiPac aus Karton
Spieldauer: 13½ Stunden
ISBN 978-3-905831-51-1
€ 15,90 / Fr. 22.00

Das E-Book:

Alle drei «Christina»-Bände sind auch als E-Books erhältlich. Nähere Informationen finden Sie auf der von Ihnen bevorzugten E-Book-Plattform.

Der zweite Band erzählt – wiederum aus der Sicht ihrer Mutter Bernadette – die Geschichte von Christinas Entwicklung weiter: Das Ende ihrer Schulzeit, die Offenbarung ihres Lebensplanes und der fulminante Beginn ihres Wirkens in der Öffentlichkeit.

Weitere Themen von Band 2 sind: Die universellen Spielregeln des Lebens; das Beschreiten des individuellen Seelenwegs und das Entfalten des persönlichen Potenzials; die Unterstützung durch unsere geistigen Begleiter; praktische Tipps zur individuellen und kollektiven Frequenzerhöhung; die stille Revolution der bedingungslosen Liebe; die Wichtigkeit der Erdung für die Menschen der neuen Zeit; die notwendige Verbindung von Querdenken und Spiritualität; ganzheitliche Wissenschaft und positive Technologie; vier Möglichkeiten der Bewusstseinsausrichtung; die fünfdimensionale Zukunft der Erdenmenschheit und das bevorstehende goldene Zeitalter.

«In unserem innersten Wesenskern sind wir alle gleich. Niemand ist weiter als der andere, kein Licht ist heller als das andere, und keine Lebensaufgabe ist wichtiger als eine andere. Wir sind alle göttliche Wesen, die hier eine Erfahrung als Mensch machen, und nicht Menschen, die zu göttlichen Wesen werden.»

(Christina von Dreien)

Die «Christina»-Buchreihe

Christina von Dreien

CHRISTINA, Band 3: Bewusstsein schafft Frieden

Das Buch:

313 Seiten, gebunden, mit Lesebändchen
ISBN 978-3-905831-67-2
€ 19,90 / Fr. 28.00

Das Hörbuch:

Vollständige, ungekürzte Hörbuchfassung
Lesung: Nicola Good
Umfang: 2 CDs (MP3-Format) mit Booklet, in edlem DigiPac aus Karton
Spieldauer: 12¾ Stunden
ISBN 978-3-905831-68-9
€ 15,90 / Fr. 22.00

Das E-Book:

Alle drei «Christina»-Bände sind auch als E-Books erhältlich. Nähere Informationen finden Sie auf der von Ihnen bevorzugten E-Book-Plattform.

Die beiden ersten Bände der «Christina»-Buchreihe – verfasst von ihrer Mutter Bernadette – erzählten den Anfang von Christinas Geschichte von ihrer Geburt im Jahre 2001 bis zum Frühjahr 2018 und dem Beginn ihres Wirkens in der Öffentlichkeit.

Der dritte Band besteht ausschließlich aus Christinas eigenen Worten, zusammengestellt aus ihren Seminaren und Interviews der Jahre 2018 und 2019. Christina berichtet darin, wer wir Menschen in Wirklichkeit sind, warum die Zustände auf der Erde heutzutage so sind, wie sie sind, und in welche positive Richtung die globale Entwicklung vorangehen kann. Damit schenkt sie uns Zuversicht und Hoffnung auf eine Zukunft des inneren und äußeren Friedens und nährt unsere Ahnung, dass sämtlichen düsteren Prognosen zum Trotz letzten Endes alles gut sein wird.

Weitere Themen von Band 3 sind: Individuelle Schwingungserhöhung; Reinigung der Seele; Körperwesen und Zellkommunikation; unser geistiges Team; das große Spiel des Vergessens; Karma und Schöpferkraft; eine Schule für herzbasiertes Lernen; Vertrauen in das eigene Herzgefühl; die Evolution der Liebe; spirituelle Vernetzung; kindliche Lebensfreude und Verspieltheit.

«Man muss nicht immer einen Grund haben, um glücklich zu sein. Man kann es auch einfach so sein.» (Christina von Dreien)

Die «Christina»-Buchreihe in anderen Sprachen

Die Buchreihe «Christina» ist derzeit lieferbar
in den folgenden Sprachen:

- Deutsch
- Englisch
- Französisch
- Italienisch
- Spanisch
- Niederländisch
- Tschechisch
- Slowakisch
- Polnisch
- Bulgarisch
- Ungarisch
- Finnisch

Weitere Sprachen sind geplant.

Informationen erhalten Sie beim Govinda-Verlag:

info@govinda.ch

Die «Anastasia»-Buchreihe

Anastasia ist die Botschafterin eines uralten Volkes, dessen Nachkommen auch heute noch vereinzelt in der Taiga leben, von der Zivilisation unbeeinflusst und immer noch im Besitz «paranormaler» Kräfte, die der moderne Mensch weitgehend verloren hat.

Kurz nach der Öffnung Russlands war die Zeit anscheinend reif, dass die Welt von der Existenz dieser Menschen erfahren sollte. So ließ es die junge Einsiedlerin Anastasia im Jahr 1994 zu, dass ein «Zivilisierter» – der Geschäftsmann Wladimir Megre aus Nowosibirsk – mit ihr in Kontakt kam und im darauffolgenden Jahr für drei Tage Zeuge ihres Lebens auf einer entlegenen Taiga-Lichtung wurde. Diese Begegnung sollte Wladimir Megres Leben grundlegend verändern. Als einfacher Geschäftsmann, der nur den Atheismus des kommunistischen Russlands kannte, sah er sich plötzlich mit Phänomenen konfrontiert, die alles bisher Gekannte um Dimensionen übertrafen: Telepathie, Präkognition, Teleportation, Unverletzlichkeit, Verbindung mit höherdimensionalen Welten usw.

Anastasias Person und Lebensstil provozieren Fragen zu weltbewegenden Themen wie die Herkunft des Menschen, Gesundheit, kosmische Heilkraft, richtige Ernährung, göttliche Naturverbundenheit, die Ursache von Krankheit, Hintergründe der Weltpolitik oder die Zukunft der Menschheit.

Seit dem ersten Erscheinen von Band 1 in Russland (1996) hat sich dort Unglaubliches getan. Die Bücher riefen eine ökologisch und spirituell orientierte Bewegung ins Leben, die inzwischen zur regelrechten Volksbewegung mit einer großen Anzahl verschiedener Non-Profit-Organisationen und alternativer Wohnprojekte – sogenannte «Familienlandsitze» – wurde. Anastasias Botschaft berührte die Herzen von Millionen von Menschen, und die überwältigende Resonanz löste eine revolutionäre Dynamik aus, die inzwischen weit über den russischen Sprachraum hinausgeht. So gibt es in ganz Europa und auch im deutschen Sprachraum bereits zahlreiche Projekte, die im Begriff sind, die Ideen Anastasias umzusetzen in eine lebendige Realität.

Die «Anastasia»-Buchreihe

Die «Anastasia»-Bücher wurden mittlerweile in vierundzwanzig Sprachen mit einer Gesamtauflage von rund 30 Millionen Exemplaren gedruckt. In deutscher Sprache sind sämtliche zehn Bände sowie zudem ein Extraband «Anastasia-Index» erschienen; die meisten sind inzwischen auch als Hörbuch lieferbar.

Band 1:	Anastasia – Tochter der Taiga	Buch 199 Seiten Hörbuch 400 Min.
Band 2:	Anastasia – Die klingenden Zedern Russlands	Buch 226 Seiten Hörbuch 470 Min.
Band 3:	Anastasia – Raum der Liebe	Buch 216 Seiten Hörbuch 458 Min.
Band 4:	Anastasia – Schöpfung	Buch 226 Seiten Hörbuch 495 Min.
Band 5:	Anastasia – Wer sind wir?	Buch 237 Seiten Hörbuch 522 Min.
Band 6:	Anastasia – Das Wissen der Ahnen	Buch 274 Seiten
Band 7:	Anastasia – Die Energie des Lebens	Buch 264 Seiten
Band 8.1:	Anastasia – Neue Zivilisation	Buch 208 Seiten
Band 8.2:	Anastasia – Die Bräuche der Liebe	Buch 208 Seiten
Band 10:	Anastasia – Anasta	Buch 260 Seiten Hörbuch in Vorbereitung

jeder Band € 16,00 / Fr. 24.00 | jedes Hörbuch € 12,90 / Fr. 15.50

Das Ermitteln der Lebensaufgaben

Daniela Maiwald / Ronald Zürrer

NIMM DEIN LEBEN IN DIE EIGENE HAND!

Wie wir unseres Glückes Schmied sein können.

Mit einem Vorwort von Armin Risi
ISBN 978-3-905831-42-9
261 Seiten, gebunden, Leseband
€ 34,00 / Fr. 39.90

Die dreibändige Buchreihe über das weltweit einzigartige System der Psychologischen Handanalyse.

In Band 1 werden unter anderem folgende Themen erörtert: • Eine kurze Geschichte der Handlesekunst • Der Unterschied zwischen Chirologie, Chiromantie und Chirosophie • Das Welt- und Menschenbild der Psychologischen Handanalyse • Das Konzept «Schulungsplanet Erde» • Handanalyse bei Kindern und Jugendlichen • Grundzüge einer spirituellen Psychologie • Der Aufbau des feinstofflichen Körpers • Einführung in das Konzept von Karma («Schicksal») • Einführung in das Konzept von Dharma («Lebensaufgabe») • Das bewusste Schmieden unseres Lebensglücks.

Daniela Maiwald / Ronald Zürrer

FOLGE DEINER BESTIMMUNG!

Wie wir unsere Lebensaufgaben erkennen und erfüllen können.

Mit einem Vorwort von Richard Unger
ISBN 978-3-905831-43-6
661 Seiten, gebunden, Leseband
€ 58,00 / Fr. 69.90

Die dreibändige Buchreihe über das weltweit einzigartige System der Psychologischen Handanalyse.

In Band 2 werden unter anderem folgende Themen erörtert: • Wie wir aus den Fingerabdrücken unser psychologisches Grundmuster und unseren persönlichen Lebenszweck ermitteln können • Wie und warum das System zur Decodierung der Fingerabdrücke funktioniert • Die «Vier Lebensschulen» und ihre Kardinaltugenden: Demut, Liebe, Weisheit, innerer Frieden • Die dreizehn Themenbereiche, in denen sich unsere Bestimmung und unsere Herausforderungen offenbaren • Konstruktiver Umgang mit unterschwelligen Ängsten und anderen Basisemotionen.

(Hinweis: Band 3 «LEBE DEINE TALENTE! – Wie wir unsere Potenziale entdecken und entfalten können» ist in Vorbereitung.)

Das Erhöhen der individuellen Frequenz

Ronald Zürrer

SCHÖNHEIT DES INNEREN

170 kleine Lebensvorsätze

65 Seiten, Taschenbuch
ISBN 978-3-905831-39-9
€ 8,00 / Fr. 12.00

Der Philosoph und Dichter Ronald Zürrer legt ein kleines, feines Büchlein über die Schönheit und Heilkraft von Tugenden vor. Für alle, denen es mit der Veredelung ihres Charakters und dem Erhöhen ihrer individuellen Frequenz tatsächlich ernst ist.

Dieses Buch richtet sich an Menschen, deren Wunsch es ist, Zeit und Aufmerksamkeit auf das Entfalten von Tugenden zu richten – also von erhebenden Charaktereigenschaften, die beitragen zur Schönheit des Inneren.

Hierfür hat der Autor einige der bedeutsamsten und glückverheißendsten Früchte vom Baum der Tugenden gepflückt und sie in Form von kleinen Lebensvorsätzen aus seiner persönlichen Sicht erläutert. So werden in diesem Aufschlagewerk beispielsweise die folgenden Tugenden und ethischen Werte beleuchtet:

Achtsamkeit | Ausgeglichenheit | Authentizität | Begeisterungsfähigkeit | Dankbarkeit | Demut | Eigenverantwortung | Einfachheit | Einzigartigkeit | Entschlossenheit | Erwartungslosigkeit | Frieden | Fürsorge | Gastfreundlichkeit | Geduld | Gelassenheit | Gerechtigkeit | Gewaltlosigkeit | Glaube | Hilfsbereitschaft | Hingabe | Hoffnung | Humor | Individualität | Klarheit | Kreativität | Kritikfähigkeit | Lernfähigkeit | Liebe | Maßhaltung | Mitgefühl | Mut | Naturverbundenheit | Phantasie | Schweigsamkeit | Tiefgründigkeit | Treue | Unbekümmertheit | Unterscheidungskraft | Urvertrauen | Verantwortungsbewusstsein | Vergebung | Weisheit | Zuversicht.

Mit Hilfe des ebenfalls erhältlichen Tugendkarten-Sets kannst du – wie bei den sogenannten «Engelkarten» – in einer bestimmten Lebenssituation eine Tugendkarte ziehen, um zu erfahren, welcher Engel in diesem Moment zu dir kommen und dir bei deinen aktuellen Fragen oder Entscheidungen beistehen möchte.

Oder du kannst regelmäßig eine Karte ziehen und dann die entsprechende Tugend zu deiner persönlichen «Tagestugend» oder «Tugend der Woche» oder «Tugend des Monats» erklären. Lenke alsdann deine Achtsamkeit bewusst auf die Qualität dieser Tugend und beobachte ihr Wirken in deinem Alltag, etwa in deinem Austausch mit anderen Menschen oder mit dir selbst oder auch in der Erfüllung deiner beruflichen, sozialen und familiären Pflichten. Auf diese Weise wirst du die Erfahrung machen, dass sich diese Tugend allmählich in deinem Bewusstsein entfaltet und beginnt, dein Denken und Fühlen, dein Sprechen und Handeln zu durchdringen und zu bereichern. Lass dich überraschen, welch erfreuliche Auswirkungen dies auf dein Leben haben wird.

Botschaften aus der geistigen Welt

Susanne Aubry / Karl Schnelting

DEIN WILLE GESCHEHE JETZT!

Die Menschheit vor der globalen Transformation.

289 Seiten, Taschenbuch
ISBN 978-3-906347-85-1
€ 12,00 / Fr. 18.00

Wir leben in einer Zeit, in der sich vieles scheidet und entscheidet. Aus irdischen und auch aus höherdimensionalen, unsichtbaren Bereichen greifen dunkle Mächte nach der Menschheit. Gleichzeitig steht die Erde nach kosmischem Schöpfungsplan vor einer globalen Transformation. Aus den Welten des Lichts gelangen deshalb immer dringlichere Botschaften und Warnungen an die Menschen: • Welche Entscheidungen stehen bevor? • Wessen Wille wird geschehen? • Wie schützt man sich vor negativen Einflüssen? • Wie können wir auch in Zeiten extremer Bedrohung die höhere Sicht, die göttliche Liebe und das Gottvertrauen bewahren?

Erfahren Sie in diesem historischen Buch, was Lichtwesen aus hohen und höchsten Dimensionen uns schon in den Jahren 1995–97 über die gegenwärtigen und zukünftigen Vorgänge auf der Erde mitteilten.

Susanne Aubry / Karl Schnelting

WEIL ICH DICH LIEBE

Wegweiser zur Transformation.

369 Seiten, Taschenbuch
ISBN 978-3-906347-86-8
€ 12,00 / Fr. 18.00

Die Erde und mit ihr die Menschen befinden sich in einer tief greifenden Transformation, die sich unaufhaltsam beschleunigt. Nie zuvor war die kosmische Einstrahlung auf die Erde so hochaktiv wie in der gegenwärtigen Zeit. Durch sie wird alles intensiviert und verstärkt – das Licht, aber auch die Dunkelheit. Was bedeuten diese Veränderungen für uns? Wie reagieren wir im Hinblick auf das Kommende?

Wer mehr als nur menschlichen Rat sucht, findet in diesem Buch Zugang zu neuen Quellen der Erkenntnis und der Wahrnehmung. Lichtwesen aus hohen und höchsten Dimensionen teilten uns schon in den Jahren 1996–98 mit, wie die künftige Entwicklung der Erde vor sich gehen wird und wie der Mensch sich individuell darauf vorbereiten kann. Ihre von Weisheit und Liebe erfüllten Botschaften sind auf unserem Weg in die neue Zeit einzigartige Wegweiser und eine unerschöpfliche Quelle der Kraft und Zuversicht.

Ein Buch, das einem die Augen öffnen wird ...

Sophia Pade / Armin Risi

MAKE THAT CHANGE

Michael Jackson: Botschaft und Schicksal eines spirituellen Revolutionärs

698 Seiten, gebunden, mit Lesebändern und zahlreichen Illustrationen
ISBN 978-3-905831-46-7
€ 24,00 / Fr. 36.00

Dieses Buch ist mehr als nur eine weitere Michael-Jackson-Biografie. Es beschreibt eine der faszinierendsten, triumphalsten und tragischsten Lebensgeschichten der heutigen Zeit. Denn wer erkennt, was beim King of Pop geschah, durchschaut auch vieles andere ...

MICHAEL JACKSON (1958–2009) war nicht nur ein brillanter und innovativer Sänger, Komponist, Tänzer und Choreograf, sondern auch ein Friedensbotschafter und ein spiritueller Revolutionär. *«Make that change»*, der berühmte Aufruf aus dem Song *Man in the Mirror*, war sein erklärtes Ziel. Mit seinem weltweiten Einfluss wollte er konkrete Veränderungen bewirken – nicht durch Bekämpfung der Dunkelheit, sondern durch die Stärkung des Lichts: Liebe, Heilung, Wohltätigkeit, Schutz der Kinder. Und gerade dort setzten die falschen Anschuldigungen und der Rufmord an. Der Megastar war für gewisse Kreise zu einer spürbaren Bedrohung geworden. Es ging um Geld und Macht und mehr noch um eine *spirituelle Dimension:* die Botschaft des Lichts, die immer wieder bekämpft und ins Gegenteil verdreht wird, insbesondere durch Angriffe auf den Botschafter ...

MAKE THAT CHANGE beruht auf einer langjährigen intensiven Recherche über die verborgenen Aspekte von Michael Jacksons Schicksal. Was im Leben des King of Pop geschah, ist ein entlarvender Spiegel unserer Zeit, ebenso wie die Umstände, die zu seinem Tod führten (offiziell durch «fahrlässige Tötung»). Vor dieser dunklen Kulisse wird das Licht umso sichtbarer – als Zeugnis einer friedvollen Revolution des Herzens, die heute notwendiger ist denn je.

- Das Leben des Megastars, seine globale Bedeutung – und die Mächte, die ihn bekämpften
- Seine Krankheiten, seine Schmerzen, seine Operationen (von denen die meisten medizinisch bedingt und notwendig waren)
- Warum es zu den Anschuldigungen kam (warum gerade «Kindesmissbrauch»?)
- Wie die Massenmedien der Verleumdung dien(t)en
- Die Hintergründe und Abgründe der Entertainment-Industrie
- Michael Jacksons Pläne für ein eigenes, lichtvolleres Medienimperium
- Der lange und heimtückische Kampf um seine Kapitalanlagen
- Wie es zu seinem erzwungenen(!) Comeback kam – mit tödlichem Ausgang
- Wie's nach seinem Tod weiterging (das dubiose und fehlerhafte Testament, die zwei großen Prozesse, die neuen Anschuldigungen, der «Ausverkauf»)
- Der Schlüssel zur Heilung des Planeten («Heal the World»)

Dieses Buch in anderen Sprachen

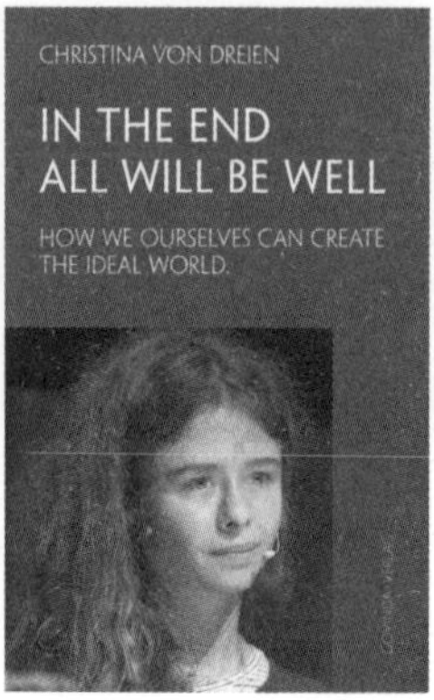

Das Buch «Am Ende ist alles gut» liegt im Govinda-Verlag auch in den folgenden Ausgaben vor:

Französisch:

À LA FIN, TOUT IRA BIEN

Ou comment notre éveil engendre le monde idéal.

Übersetzt von Régis Gaspaillard | ISBN 978-3-905831-77-1

Italienisch:

ALLA FINE VA TUTTO BENE

Come creiamo noi stessi un mondo integro.

Übersetzt von Roberta Rossi | ISBN 978-3-905831-78-8

Englisch:

IN THE END ALL WILL BE WELL

How we ourselves can create the ideal world.

Übersetzt von Hilary Snellgrove | ISBN 978-3-905831-79-5

Informationen erhalten Sie beim Govinda-Verlag:

info@govinda.ch